愛人!? 困っちゃう…

保科有里／著

山中企画

はじめに

今、私、ちょっと困惑してます。

お会いする皆さんから、

「テレビのCM見たよ」

「『週刊さんまとマツコ』、楽しかった」

「『千鳥の相席食堂』にも出てたでしょう」

いろいろ声をかけて頂けます。ありがたいですよ。こんなに見て頂いているなんて、ってビックリしています。

でもね、何人かの方からは、やっぱり聞かれるんですね。

「で、どうなのよ？」

アイマイに聞いてこられる方もいるんですけど、中には直球ストレートの方も。

「愛人なの？」

たぶんテレビで私を知って頂いた方の半分以上、いいえ、3分の2以上は、そうなんじゃないの、って思ってらっしゃるみたい（笑）。

皆さん、頭の中が妄想でいっぱいなんですね。そんなふうに見えるとは、想像もしていませんでした。

私と夢グループ・石田社長とは、あくまで社長と社員。一緒にCMに出演したり、取引先に同行させて頂く機会もあったりと、一緒の時間は長いですね。上司と部下であり、ビジネスパートナーであり、ややもすると「戦友」・・・でもあるような・・・。社長は私を女性と思っていないのではないかと、たびたび思うんですよ（笑）。

「シャチョー！　安くして～！」

この言葉が原因なんでしょうね。実は私、それまでの人生で「安くして～」なんて甘え声でお願いした経験、一切、なかったんです。もともと男の人には頼らずに、自分一人でも生きていけるように強くなりたい、って思うタイプ。地元・金沢でOLをしていた時も、歌手デビューのために上京した後も、それはもう、沢山の皆さんに支えては頂きましたが、ずっと、やれる限りは「自分のことは自分でする」という気持ちでいました。車の運転だって得意で、金沢では、勤務先の代表の運転手もやってたくらい。今だって、地方に行く時には石田社長と交替で運転したりして、万が一にも、運転手の方を雇って、私は社長の横でゆったりと・・・、なんてありません。

あのCMの声も、最初、どんな声を出していいかわからなかったんです。とにかく無我夢中にいろいろやってみた末に出た声に、石田社長、

「それ、いいね。ちょっと甘えてるみたいに聞こえるし」（ほんとに⁉）

それから、皆さんに「安くして～！　の保科さん」とか「安～い！　の保科さん」なんて言われるようになっちゃった。

いいんです。どういうふうにでも私の名前を覚えて頂ければありがたいです。

ただ、私がどんな人間で、今までどんなふうに生きてきたのかを少しだけでも知って頂けたらもっと嬉しいかな、そう思って、この本を書いてみました。

私の意外な一面をわかって頂けるかもしれません。

『愛人!? 困っちゃう…』＊目次

第一章

「愛人」じゃなくて、「社長と社員」！

ちっともドラマチックじゃなかった社長と私の出会い

やっぱり、最初に私と石田社長との「関係」についてお話しなくてはいけませんね。CMのせいでしょうか、私と社長が「愛人関係」と思ってらっしゃる方だけじゃなくて、「夫婦」とか、漫才やコントの「コンビ」だと誤解してらっしゃる方もいるみたい。

違うんですよ。いえ、「コンビ」って言われたら、ちょっとそういうところはあるかもしれませんけど。

私がデビューしたのは1993年。でも、なかなか売れませんでした。デビューから10年以上経ってシングルCDも5枚、出していたんですが、ヒットに結びつかない。もうこのまま東京にいても仕方ないから、故郷の金沢に帰ってしまった方がいいのかも、と考えていた時期が続きました。

今はなくなっているんですが、1996年頃から、品川駅前にあったホテルパシフィック東京の30階のラウンジで、月に1度歌っていました。一晩で45分ステージが3回。100人くらい入る会場はほぼ満席。でも照明は暗くしているので、お客様の顔はよくわかりません。歌ったのはカーペンターズやジャズなど外国の歌やポップス、日本の曲なら、山口百恵さんやテレサ・テンさんの歌とか。あくまでお酒を飲むのがメインなので、それを邪魔しないように、しっとりとしたムーディーな雰囲気を作るのが役目でした。

その日、実は前もって、レコーディングでずっとお世話になっている塩入さんというレコードディレクターの方に、

「キミを所属にさせてくれるかもしれない会社の社長を呼んである」

と聞かされていました。

でも「どうせダメだろうな」とあんまり期待してませんでした。以前にも所属していた事務所はいくつかあったんですが、どうしてもヒット曲がないとなかなか続かないんですよね。その時はフリーで、事務所探しもうまくいっていませんでしたので、塩入さんにお願いをしていました。

エンディングで歌いながら会場を回って、後方にいた石田社長にも挨拶にうかがったんです。第一印象は「体の大きい人だな」くらい。暗くて顔もよく見えなかったし。

それで握手して、「よろしくお願いします」って言っちゃったんです。そしたら社長、

「はい」って答えてくださって。他にも二人、候補だった歌手がいたのに、塩入さんに、「はいって言っちゃったから、彼女を選びます。他の人とは会わなくていいです」と言われたそうです。順番が違ってたらと思うとぞっとします。これが「運」と「縁」なんですね。

だって、海外の貿易の仕事でよくアジアに行かれて、フィリピンなどで明るく賑やかなステージをよく体験されていた社長には、私の歌は「やる気があるのかなぁ・・・」と魅力は感じなかったそうなんです。お酒を飲んで帰ろうとしてた時に私と握手してから「はい！」と言ってしまった社長。

出会いはそんな感じでした。

社長に甘えるなんて、一度だってなかった！

なぜ私が夢グループに入れたのか？　その頃、すでに会社は狩人さんや三善英史さんが所属されていた芸能プロダクションの活動は始めていて、男性ばかりなので女性歌手も入れておきたいくらいのものだったんだと思います。

お馴染のツーショット

最初の頃は「歌手」として活動することも少なく、自分なりにキャンペーンをしていました。夢グループ自体、所属の歌手の方はいましたが、オフィスに行ったら、ポスターも何も貼ってない。商品を積んだ段ボールがいっぱいあったりして、完全に通販会社。それはそうですよね、通販業務がメインの会社なんですから。

社長も、入ってすぐに私が新曲を出したので、発表会だけはお祝いとして、赤字覚悟で、六本木の、200人は入れる会場でディナーライブを開いてくれました。あとは、特に力を入れてくださるということはしばらくなかったんです。

名古屋で開いた私のコンサートでは集客が心配だったので、開演前に、一般の方にもステージに上がって頂き、私の曲をカラオケで歌うコーナーを作ったんです。15人くらいの方に歌って頂くかわりに、一人5枚ずつチケットを買ってもらうって。

この私のアイデアを、社長は、「それ、おもしろいね」って言っただけ。手助けはほとんどしてくれなかったですね。

私も入ったばかりでお願い事はしづらかったのもありますが、そもそも私は、人に甘えたりするのが苦手な「甘えベタ」。CMで「安くして〜!」なんて甘えた声を出すと棒読みになっちゃうし、見ている皆さんに、「わざとらしい」って思われちゃったりするんですよね。

しかも、これまでの人生の中で、値切るということは恥ずかしくてできませんでしたから。つまりテレビのCMでは、本来の私とはまったく逆のことをやっているわけですね。

これまで所属していた事務所では、マネージャーの方に付いて頂いたこともありましたよ。でも、なぜかどの方もみんな厳しくて、「自分でやれることは自分でしなさい」と言われてきました。

だからデビューしてからずっと、ライブのコンサートを開くのでも、集客からチケット代の管理、お客様の席決めもすべて、私がやらざるを得ませんでした。たとえば前方のお席が好きなお客様には前もって電話して、「今回、少し後方になってしまいました。申し訳ありません」って謝っておいたり。

他の方に頼んでも、謝るのは私ですから、自分でやって自分で責任を持とうって思っていました。

夢グループに入ってすぐは、社長とお話するチャンスもほとんどありませんでした。「お仕事ください」なんて口が裂けても言えませんし、社長もとても忙しくて、私の話なんか聞いてくれるヒマ、なかったですもん。

「大丈夫、大丈夫」って社長は言うけど、ぜんぜん大丈夫じゃないんですけど！

2010年くらいからかな。社長がコンサートに力を入れ始めて、どんどんスターの方が夢グループに入ってくるようになったんです。それまで狩人さんと三善英史さん、私くらいだったのが、チェリッシュさん、千昌夫さん、それに松方弘樹さんや小林旭さん、黒沢年雄さんのような大御所の方々が「夢グループ所属」になりました。

マイクの中にカラオケが内蔵された「カラオケ一番」がヒットして、夢グループは音楽関連の会社、というイメージが強くなっていた頃でした。だからミュージシャンの方が増えてくるのも、あまり違和感はなかったかな。

社長はもうイケイケです。もともと、若い頃には、歌手を夢見てテレビの『スター誕生！』に応募したくらいの歌好き。かつての憧れのスターたちを集めてコンサートをするのが楽しくて仕方ない。またそれを通販事業の方にも結び付けていくわけです。

それでようやく私に来た、社長お声がかりの仕事が「歌」ではなくて、「CM」でした。しかも、最初のCM出演は、あの松方弘樹さんと共演でパジャマやピンクのブルゾンなどのシルク製品を売るという。

緊張で固まりました。無名の歌手があんな大スターの方といきなりご一緒させて頂いて。別に私が特別、社長に目をかけられていたとかでは、ぜんぜんなかったんですよ。なのにいきなりですから。私で大丈夫なのかしらと不安しかありませんでした。

でも後になってわかりました。松方さんでCMを作りたいけど、横に女性がいた方がいい。ちょうど保科有里が社員として会社にいる。ギャラを別に払う必要もないし、そんなに仕事も忙しくなさそうだから、やらせてみよう、そんな感覚のようでした。

同じ2012年頃です。社長は「夢コンサート」をスタートさせました。ただ、今の夢コンサートとはメンバーはだいぶ違うんです。小林旭さんや松方さん、それに島倉千代子さん、新沼謙治さん。チェリッシュさんも参加されてました。山本リンダさんや黒沢年雄さんもいらっしゃいましたね。

そこにまた、なぜか私もまぜて頂いたのです。ありがたいですよ。皆さん、たくさんのビッグヒットをもつスターの方ばかり。その中で、1曲といえども、私が歌わせて頂くんですから。社長からしたら、一人くらいは夢コンサートをきっかけにスターになっていく人間を作りたかったんだと思います。

しかも歌だけではなく、司会の仕事も任されるようになりました。社長は、「曲名を紹介するくらいだから大丈夫」なんて言ってたけど、そう簡単にはいかないって！　もしお名前や曲名を間違えたら大変なことになります。

社長はいつもそうなんです。「大丈夫、大丈夫」って。言われた方はちっとも大丈夫じゃないのに・・・。でもそれも今はずいぶん慣れてきて、先輩の方々とのコミュニケーションのひとつになったことは間違いないと思っています。

「ヒット曲のない歌手」を当てようとする社長の「意地」に感謝！

司会以上に真剣に悩んでいたのが「私自身の立ち位置」です。

夢コンサートに出演されている歌手の皆さんは、どなたも大ヒット曲がある。その中で、たとえ歌うのが1曲だとしても、私が歌っていいのだろうか？

皆さんに迷惑をかけてしまうのではないか？

実際に、そういう声もあったそうです。出演者やまわりの方々の中からも、「これだけの歌手が揃ってるんだから、保科はいらないんじゃないか」

「ヒット曲のない人間に歌わせることはないだろ」

「彼女が出てると、コンサートの格が下がる」

いろいろです。陰で言うばかりではなくて、面と向かって言われたこともありました。

私だって、いやっていうほどわかってます。

そのうちに、せっかくたくさんのスターがいるのだからと、2014年になって、今度は社長はお芝居とコンサートの二本立てで全国を回る企画を始めました。もう、アイデアが浮かんだら、とにかく走り出しちゃう社長なんです。

なんと主演は小林旭さんと松方弘樹さん。旭さんが織田信長役で松方さんは斉藤道三役。それに道三の娘で信長の妻になる濃姫役が浅丘ルリ子さん。信じられないくらいの豪華メンバーです。タイトルは『熱き心で突っ走れ』。一部はそのお芝居で、二部は夢コンサート。狩人さん、三善英史さん、チェリッシュさんも参加されて、私も一部は侍女と町娘役で出演もして二部では歌いました。

2年間続きました。出して頂けるのは光栄だったですけど、正直、とてもつらかったですね。いつも以上に豪華な顔ぶれじゃないですか。その中に私が加わっていて本当にいいのか?

この頃でしょうね、社長とよくお話するようになったのは。お話というより、相談かな。

「本当に私でいいんですか？」

「大丈夫。気にしないでやりなさい」

え〜！　気にしますよ。私の方では、ずっと悩んでました。社長が私を「エコヒイキ」してるように見えるのは事実だし、「愛人」じゃないか、なんて少しずつ言われるようにもなって来たんです。それでも何が自分に出来るのか、若い役者さん達と仲良くなって、現場が楽しくなったらいいと、そちらを楽しむようにもなりました。私を起用したのは、へそ曲がりな社長の「意地」だったんだと思います。いろんな方に「保科なんていらないだろう」と言われると、社長は、逆に「だったらぼくが売ってやる」と燃えちゃうタイプ。この「おへそ曲がり」のおかげで、今の私がいるので、社長の「おへそ曲がり」にはかなり感謝しています。

「売れるものを売るのは当たり前。売れないものを売るのがぼく」

そうやって生きてこられたんですね。そのうち、急に「ぼくが保科有里のマネージャーだ」って、わざわざピンクのマネージャーの名刺持って、テレビ局回りはじめたりして。社長だとは知らない相手の方からは、

「ちょっと間に合ってます」

ってあっけなく断られたこともあったそうです。走り出したらとまらなくなっちゃう。通販ビジネスでもそうなんです。社長は、人がやってないことをやるのが大好き。そして、挫けてもまた違うことを考える。すごいんです。

それで芸能関係のお仕事も手掛けるうちに、いろいろ新しいアイデアが出てくるようになったみたいです。

通販のCMって、だいたいは有名タレントが登場して、「これ、いいですねぇ」と推薦するものでしょ。そのパターンでやってみたけど、なかなか売り上げにはつながらなかったらしいです。

商品のクレームの電話もよく来るようになる。しかも「社長出せ」と言ってくる方がとても多い。

「だったら、私、出ましょう。逃げも隠れもしませんよ」

自分の口で「不具合があったら、商品は交換します」と宣言した方が、ずっと潔い。実際に、社長がCMに出るようになって、クレームの数はとても減ったそうです。

とはいえ、ご自分だけではまだ足りないとも気付いていたんでしょうね。やっぱり「DVD」を「デーブイデー」と発音する、昭和の香りのオジサンが一人で出てくるだけでは、視聴者の皆さんも呆気にとられてしまう。横でほどよく雰囲気を和らげる人間がいた方がいいと思われたのか。

周りを見回して、ちょうどいいのが私だったようです。有名人や若くてキレイなモデルさんだったら、どうしても視線が商品よりそっちに行ってしまいますよね。そんなに目立たなくて、社長の指示の通りにやれる「都合のいい存在」で、しかも社員なので、ノーギャラですし（笑）。

こうして、社長のひらめきから、社長と私の「コンビ」が生まれたのです。

「異例の大抜擢」から生まれた「愛人疑惑」だけど、その真相は・・・!?

ただし、まわりからみれば、どうしても「異例の大抜擢」ですよね。要するに「社長のひらめき」だなんて誰もわからない。それで、「愛人」話が生まれたんです。「保科有里は愛人だからあんなに優遇されるんだ」って。

愛人と誤解されるもとは、あの「安くして〜ェ」の甘え声かもしれません。たぶん普段もあんなふうに甘えてるんだろう、と思われちゃってるんでしょう。

この名コンビは石田社長のひらめきから生まれた

イヤでしたよ、最初は。社長の「かわいく、甘えるように」の指示にも、必死で抵抗しました。「こんな言い方、私、しません」「安くして〜ェなんて言ったことないです」

そこは社長もガンとしてゆずりませんでしたね。仕方ありません。私も、どうにかして社長の求めている「甘え声」を出そうと、自分の中にある「甘えた」部分を思い切りかき集めて作っていきました。

いろいろ試行錯誤してみた末に、声のキーを2オクターブくらいあげてやってみると、ちょうどいい「甘え声」になるのを発見したんです。印象的で、そんなに極端にイヤミっぽくもなく。社長も「それそれ」と満足そうでした。

もしかしたら男性が女性のいる店に行って、たくさんおカネ使っちゃうのも、この「甘え声」が聞きたいからなんじゃないかしら。

社長と一緒に食事に行ったりするようになったのは、こうして「コンビ」でCMを撮るようになってからです。夢コンサートだけではなく、通販商品の移動販売のようなミニイベントをやったり、お祭りなどで呼ばれたりすると、私と社長の二人で移動して、東北地方を2泊3日、なんてよくあるわけです。

ところが社長は、「経費のムダ」なのか、運転手さんを雇わない。車の運転は、社長の車や、時にはレンタカーを借りて、社長と私とが交替で移動します。荷物でも、社長がトランクに詰め切れないものがあったりすると、

「あ、キミのトランクに入れといて」

って平気で言う。「ぼくはキミを売り出すためのマネージャーになる」はずだったのが、いつの間にか、私が社長の「付き人」になっちゃってる。そのかわり私もつい言ってしまいます。

「私も荷物を制限して持ってきているので、詰め切れない分まで持って来ないでくださいね！」なんて・・・。

最近は、まわりで社長に口答えするような社員はほとんどいないのに、私って、こうした方がいい！　って思うとつい言ってしまうんです・・・。ＯＬ時代でも、上司が間違っていると思うと、「それは間違っているのでは？」と言ってしまって・・・。かわいくないですね。

社長はたぶん「宇宙人」!!

ＣＭの撮影も、準備はすべて自分でやっています。

スタイリストさんはもちろん、女性スタッフさんが現場にいないので、洋服選びも自前。ピンマイクだって、自分でつけちゃいます。

台本は、社長が手書きで書いてきた原稿をその場で渡されます。ところが自分で書いてきたはずなのに、社長はぜんぜん頭に入ってない。気分次第で、コロコロとセリフを変えちゃうんです。だからつい私も、

「なんで読んでこないのぉ！」

って言っちゃう。

私の方はいいCMにしたくて、前もって紹介する商品をチェックしたり、懸命に下準備してるのに、社長は何も考えてない。CM撮影も2～3日前に急に言われたり・・・。女性には準備と心構えがあるんですよー。でも結局、社長の思う通りにやってしまう自分がいるんですけど・・・。

社長にとってもいい意味で私は「便利な存在」かもしれません。「ぼくとキミなら台本なしでも30分しゃべれる」って公言してるくらい。

上司と部下、と考えたら理想的かもしれないですよ。両方の足りないものも補い合えるし。けど、こんなに「男と女」の関係からはかけ離れてる「コンビ」は珍しいんじゃ

ないかな。やはりビジネスパートナーという言葉がピッタリくるかもです。

そんな裏事情をよそに、テレビＣＭが浸透するにつれて、極端にいうと、日本中の大多数の人たちが「保科は石田社長の愛人」と思い込むようになっていました。中には「愛人を否定しないで〜」とおっしゃる方がいて・・・。どういうこと？

もしかしたら、ご自身の中に潜んでいる愛人願望を、私で疑似体験している感覚？なんて思うこともあるのです（笑）。

社長のビジネスに対する真摯な姿勢、挫折しても懲りずにまたチャレンジするエネルギーとか、私は身近で社長の素晴らしいところは見ているので、一人の男性としてではなく、人として尊敬してますよ。

ただ、社長は何かを考えている時、指を眉間の前で何やら動かし、ボソボソ独り言を言ってる時があるんです。まるで宇宙と交信してるんじゃないかって。

それ見ると、私、

「あ、社長は宇宙人なのかも」

と納得しちゃったりして。

宇宙人には「愛人」必要ないですよね（笑）。

保科有里を語る

○石田重廣

夢グループ社長にして、保科有里を世に出した張本人。1958年福島県出身。2007年、保科を「社員」として雇い、やがてCMの「相方」として起用。

ぼくの中にいる「オオカミ少年」が、保科有里売り込みに走らせた！

ホテルパシフィックのラウンジに行ったのは、お酒を飲みに行くのが目的で、歌手の歌を聴くのは「ついで」みたいなものでしたね。そしたら保科さんが出ていて、「よろしく」って手を差し出してきたんで、つい「はい」って握手しちゃった。「はい」って言っちゃったからには責任持たなきゃ、と会社に入れてしまったんです。歌で感動したわけじゃない。派手なパフォーマンスもなく、暗い歌をしっとりと歌ってるんで、「やる気あんのか」と思っちゃったくらい。

だから歌手として契約したのではなくて、あくまで社員として。給料だって高卒の新入社員とあまり変わりません。

入社して3～4年は、ほとんど会話を交わしてませんね。確か、本人のデビュー20周年、新宿ワシントンホテルでやったディナーショーも行かなかったくらい。

せっかくウチの会社にいるし、専属の歌手の方がどんどん増えていたから、ショーの司会はやってもらえばいいか、と思ったんです。それに1曲くらいなら歌ってもらおうかな、と。どうせなら、お芝居にも参加してもらうのもいいな、と入ってもらいました。

ビックリしましたね。出演者の皆さんの反発がスゴかった。

「オレたちにはヒット曲がある。なぜヒット曲のない保科を出すんだ」

面と向かって、こう言われたこともある。

「社長は音楽を知らないんだから、おカネを出して、集客と宣伝にだけ力を注いでくれればいい」

ぼく、カチーンと来たんです。

「そんなに言うなら、ヒット曲があって、名前のあるあなたたちが自分でお客さんを集めて、コンサートでもなんでもやればいいじゃないか！」

ムキになっちゃった。反骨精神ですかね。何か、ぼくの中にある「オオカミ少年」が動き出したんです。「狼が来る」ってウソをつき続けて周囲を混乱させ、最後は嘘つき呼ばわりされた上に本当に狼が来て殺された少年の話って、あるでしょ。ぼくもね、「絶対に当たらない」と思われたものを「当たる」と言い続けて周囲を呆れさせ、でも最後は本当に「当たる」ってことを、いつも心のどこかで信じてる。実際に通販の世界で、それを何度か実現もさせてる。

オオカミ少年になって、保科有里を当てよう、と決めてしまった。

「夢グループ社長」じゃなく、ピンクの「保科有里マネージャー」の名刺を持って、テレビ局回りまでしましたから。最終的には何十回もテレビ出演してもらいました。残念ながら、曲のヒットには結びつきませんでしたが。

それから保科さんには、意地でもコンサートで歌ってもらうようになりました。相手がどんな大物でも関係ない。彼女には必ず出演してもらう。それで彼女も、どんな共演

社長と私の初デュエットソング。『夢と・・・未来へ』ジャケット
（２０２２年７月リリース）

者が来てもアガらなくなった
CMに起用したのも、ぼくなりの計算がありました。

ぼくは方言も残っているし、しゃべったら、どうしても自分の色が出てしまう。その点で、保科さんは色があまり出ない。極端なクセもないし、横文字もオシャレに言える。夢コンサートで司会をしてもらってわかったんですが、下準備もちゃんとするし、記憶力もいい。

きっとぼくと保科さんのマッチングはうまくいく、と思ったんです。

あとは1カ所だけ、保科さんを印象付けられるキーワードを作ってあげればいい。それが甘え声の「安くして〜！」でした。本人いやがったのを、どうにか説き伏せてやってみたら、これがうまくいったんですよ。

デュエットでコミックソングを！　当てるなら、これしかない！

女性としてどうかと聞かれたら、まあ、好みのタイプではないです。

ぼくはね、「お嬢さんタイプ」が好きなの。保科さんのような「スナックのママ」みたいなのは、そんなに好きじゃない。

ただ、「親密な仲」なのは確かでしょうね。ずっと一緒に動いていて、今、会社でぼくにタメ口なのは彼女だけ。

「社長、ちゃんとやってよ！」

彼女に責められて、「ごめん、言わないで・・・」なんて、ぼくの方が気を使ったりするんです。

「愛人疑惑」が言われ出した時も、ウチの家族もぜんぜん動揺してませんでした。ネットでも、その前は、通販商品の悪口とかいっぱい書かれていて、そっちの方がずっとショックが大きかったんです。子供なんかも、

「また、ネットに愛人だって書かれてるよ」

って笑ってたくらい。

ただ、もちろん「安くして〜！」や「愛人疑惑」の保科有里では終わらせたくない。夢グループの他の歌手の皆さんは、別にぼくが「育てた」わけではない。すでに出会った時にスターだった方々なんです。保科さんだけは、「ぼくが作った」と言いたい。

だから、「歌手・保科有里」をどうやってもっともっと大きくするかは常に考えてい

ます。

去年、ぼくと彼女のデュエット曲『夢と…未来へ』を出したのも、一つの方法です。確かに一方では何人かの歌手の皆さんから、

「所詮、社長は歌い手をやったことがないから、歌い手の気持ちはわからないんじゃないの」

言われ続けてカチーンときて、「だったら、歌手をやってやろうじゃないか」と闘志に火が付いたのもあります。

でも、この曲が話題になれば保科さんにもプラスになる、とも考えました。ぼくが歌うだけじゃ「社長の道楽」。そこに「愛人疑惑」のプロ歌手・保科有里がついてこそ、マスコミにとってもキャッチーな話になる。テレビ局も、コンサートに来て頂けるお客様も、みんな喜ぶ。

記者会見もやりました。

「歌うのはカラオケですか?」

「いえ、オーケストラをバックに歌いたい」

「やっぱり夢コンサートで披露しますか?」

「はい。ただ、いずれはドームで歌いたい」

思い切り大風呂敷広げました。ちょうど安倍元首相が狙撃される事件とぶつかったおかげで、ほとんどテレビでは報道されませんでしたけど。

ぼく単独だけではなく、保科さん単独でレコード出したって記者の方たちは来ません。保科さんは不本意だったかもしれないけど、そのくらいやらなきゃ。

通販と一緒です。ニーズがなければビジネスにはなりません。

それで実は1年ほど前から、彼女にはある企画を提案してるんです。

この前の『夢と…未来へ』は、真面目なメッセージソングでした。それなら今度は、コミックソングでやってみないか、と。

ありがたいことに、今、ものまねタレントの方もぼくらのマネをしてくれて頂いてる。ぼくの「デーブイデー」も、保科さんの「安くして〜！」もそこそこ世の中に浸透している。

お年寄りだけじゃありません。若い層の方でも、子供たちでも知っている。今の時代、テレビCMを50本、100本打っても、なかなか印象には残らない。その中では「善戦」なのです。

これらのフレーズをうまく取り入れてノリのいい曲を作れば、かなりいくのではないか？

テレビの歌番組はほとんど姿を消して、ヒット曲が生まれにくくなっている時代ですし、もう広く歌手・保科有里の歌を聴いて頂くには、こういう形しかないんじゃないかな。

ただ、彼女は乗り気じゃないんだよなぁ。

「コミックソングは、ちゃんと歌うには、普通の歌以上のリズム感や歌唱力が必要。社長じゃとてもムリ」

って思ってるみたい。気持ちはわかるけどねぇ。じゃあ、他に当てるためにはどんな方法があるかと考えてもねぇ・・・。

第二章 金沢・我が街

今でも、ときどき「金沢在住」と思われてる！

生まれは石川県金沢市。

縁あって、上京してからも、ずっと地元のラジオ番組をやらせてもらっています。だからもう30年。３週間に一度は収録のために金沢に戻るんです。

もちろんこの時ばかりは、石田社長は来ません。マネージャーもいないから、私一人。地元では、「東京にいる芸能人は、みんなマネージャーが付いてくる」と思い込んでる方も少なくなくて、一人で活動してる私を見て、「保科有里は金沢に住んでる」とよく勘違いされるんです。それで、夢グループの仕事があるたびに東京に出ていく、って。

一般の方だけじゃないんですよ。この前、地元のテレビ局の方にも、

「え？　保科さんはこっちに住んでるんじゃないんですか？」

驚かれちゃった。石田社長とのＣＭでも、金沢でしか流れていないローカルＣＭだと思っている方もけっこういるみたい。

でも、ありがたいです。それだけ金沢の皆さんが、私を「郷土の仲間」と認知してく

金沢市弥生町の、かつて我が家のあったあたり

れているわけですから。

　生まれたのは市の繁華街の片町からそう遠くない弥生町というところ。昭和6年生まれの父・利雄はクリーニング店を営んでいて、11年生まれの母・利恵子は、ずっと店を手伝っていました。家族は両親と私、8つ年下の妹の千穂の4人。

　家は長屋の中の一軒家で、でも持ち家だったから、そんなに貧しい一家ではなかったと当時は思っていました。小さい頃から、私はオルガンや踊りの習い事もさせてもらったくらい。でも後に、母から相当生活が大変だったということを知ります。

　子供の頃から「コンプレックスの塊」でしたね。なぜか、小学校は、近いからとい

2歳の頃

5 歳の頃

高校時代、バンドを組んでいた

ＯＬになっても、歌の勉強は続けていた

うのもあって、金沢大学教育学部付属小学校に行ったんです。県内から優秀な生徒が集まってくるような学校で、もう成績なんて下の方。いつも「自分は頭悪いんだなぁ」と思い知らされるばかりでした。

顔だってよくない。鼻が上向いてて、「豚みたい」ってずっといやだったし、スタイルもよくない。

金沢大付属の子供たちの中には、ベンツで迎えに来られたり、家にお手伝いさんがいたり、いわゆる良いとこの子が多かったんです。見るからに私なんて、ビンボー長屋の子供だし、そこも恥ずかしかったな。

救いは「歌」。当時は山口百恵さんが大好きでした。最初はアイドルでデビューされましたが、どんどん歌がうまくなっていったでしょ。それに、あの、明るいとはいえない生い立ちのためににじみ出る、どこか幸の薄そうな感じが、たまらなく心に沁みるんですね。

中学の頃には百恵さんだけではなく、クイーンやカーペンターズなどの洋楽も聴いていました。演歌はあまり聴かなかったですね。

なぜか『のど自慢』では地区チャンピオンになったのに、全国大会に呼ばれず！

歌も歌い始めて全国大会に出たりもしたんですよ。ただ、プロになりたいなんて考えられませんでした。テレビ映りが絶望的だし、ウチの母にも、「あんたがプロになんかなれるはずがないよ」とずっと言われ続けてたから。母は、わたしの小さいころから「がんばれ」「できる」と前向きな激励をしてくれないで、「無理しないでいいよ」とか「どうせなれるわけない」って後ろ向きなことばかり言うタイプなんです。

でも、歌うことだけは、日頃のコンプレックスを忘れさせてくれました。「ダメな私」が「輝く私」になれる魔法の杖。

高校になって、幾分、コンプレックスは弱くなったかな。金沢大付属じゃなくて、普通の公立高校に入ったんです。そしたら、自分がそんなに頭が悪いわけではなくて、ヒドいビンボーでもなくて、世間並みくらいなんだ、って思えたからなんです。

歌は歌い続けました。こちらはもうやめられません。

高校1年の時フジテレビの『君こそスターだ！』の金沢大会のオーディションを友達と受けに行き、合格して、初の東京、初のテレビ。かなりの緊張でした。その番組の司会はおりも政夫さん。

まさか40年以上たって、夢コンサートのステージでご一緒させて頂けるなんて、今でも、夢みたいと不思議な感覚なんです。

歌ったのは、もちろん山口百恵さんの『いい日旅立ち』でした。残念ながら、ぎりぎりで合格ではありませんでした

やっぱり、ちゃんとした方のレッスンに行かなくては、と高校2年になってから、レッスンに通うようになりました。最初は親にレッスン料を出してもらって、高校を卒業したあとは、自分で出すようになりました。

通ったのは金沢の乙田修三歌謡研究所という所です。乙田先生は、石川県白山市の生まれで、一度は東京に出られたのですが、あえて故郷・石川で後進を育てようと、研究所を始められました。

プロデビューした門下生もたくさんいます。１９６０年代にデビューして大活躍された小宮恵子さんや、『となりのトトロ』の主題歌を歌った井上あずみさんとか。80年代

アイドルだった石坂智子さんも出身生ですね。

乙田先生ご自身も、作曲家として牧村三枝子さんの『有禅流し』や山川豊さんの『北陸本線』を作られています。毎年3月に発表会があって、もう60回近く続いてもいます。

勉強が好きではなかったので、高校出たらすぐ働くのを決めてました。

入ったのが日産プリンスの石川販売（株）。車が好きだったんですね。18歳の誕生日を迎えてすぐ、免許取ったくらい。でも、最初に配属されたのは総務課で、お給料の計算したり、皆さんにボーナス配ったりしてました。給料計算は当時、手書きでそろばんで計算をしていました。一応、そろばんは小学生で3級を取っていたので役に立ちました。書簡もタイプライターで打ってました。懐かしい思い出です。

そんな中で、20歳になった年、ＮＨＫの『のど自慢』にも出たんですよ。歌ったのは『シルエット・ロマンス』。合格だったし、金沢地区で優勝もしました。後で全国大会があるということを知りましたが、連絡がなかったんです・・・。どうしてかな？　今でも謎です・・・。

仕事もまずまず。歌の方も、プロになるのは無理と割り切っていたものの、それなりに順調にいっていた中で、「まさか！」と私の人生を左右する大きな出来事がいきなり起こったのでした。

父のお店が突然、破産！　一家はチリヂリになって・・・

私が23歳、妹が15歳の時でした。父のクリーニング店が突然、破産になって、家も抵当に入っていたのでいられなくなって、夜逃げというものを体験してしまいました。

振り返って考えれば、父はどこか「生命力」に欠ける人だったのかもしれません。仕事は丁寧で、とてもきれいに仕上げていたのですが、おカネの苦労が重なると胃潰瘍起こしたり、大きなトラブルがあると立ち直れない感じはありました。

どうも、直接の原因は、おカネをかけて新型の高価なコンピュータの機械を入れたのにうまく機能せず、それがもとで資金繰りが苦しくなったらしいのですが、私は、原因は父の挫けやすく営業ベタな性格にあったのでは、と今でも思っています。

まだ実家住まいだった私は、妹、母と三人でおばのところで1カ月居候暮らしをして、そのあと、市営団地に移り、母娘三人の生活が始まりました。

父と母は離婚したので、私と妹は母の姓になりました。父はしばらく住み込みで働いていましたが、ときどき入退院を繰り返し、床屋代も私が支払うくらい。途中でガンにもなりましたが、私が父の保険料を払っていたので、入院、手術をさせてあげることができました。

その後、私の知りあいのサウナに勤めることができ、リネン室で働きつつ、ずっと市営団地で一人住まいでした。その後も別のガンになりましたが、幸いにも助かって、89歳で亡くなりました。

実は、父は、サラ金15社からおカネを借りていて、どうにも身動きとれなくなっていたんですね。銀行や母の親戚にも借りていたので、仕方なく、父の借金を母と私とで返していきました。その後も、私はできる限り、父が死ぬまでおカネを援助し続けました。

父は、いわば私の「ルーツ」。そのルーツがさびしい亡くなり方をするのは絶対にイヤだったんです。妹も同じ気持ちだったんでしょう。年老いてきて、父が自転車で買い物にも行けなくなってからは、妹は東京にいる私のかわりに買い物の手助けのため、父のところに通ってくれました。父と母が離婚しても、私と妹にとっては父にかわりはないのですから。最後は、もう一人暮らしは無理になって施設に入ってもらい、9カ月で亡くなりました。その施設はとてもあたたかい施設で、そこでの9カ月は父の一番幸せな時だった気がします。

私も妹も、ずっと迷惑かけられっぱなしだった父ですが、恨みはありません。ただ父の人生は若い頃からずっとつらかったんだという話を、父から聞いたことがあります。違う家庭に生まれていたら、違う人生だったのかもしれないと思ってしまいます。今度生まれかわったら、もう少し良い家庭に生まれてきますように・・・と父の亡骸に手を合わせました。

破産してからは借金を返さなくてはいけないので、仕事はしっかりやるしかありません。日産プリンスでは、給料計算をしながら、代表の運転手もしていました。ときに乙田歌謡研究所からの歌のお仕事があったりすると、乙田先生の車の運転も任されるようになりました。先生から、

「ぼくの知っている女性の中では一番運転がうまいね」

とほめられました。今でも、地方では石田社長と交替で運転しているので、振り返ってみたら、私、ずっと男の人を乗せて運転ばかりやってたのかも。

男性に頼るよりもやっぱり頼られる人生なのかなぁ。

ついに故郷を去る日がやって来た！

歌の方ではアマチュアとしては、地元のイベントなどのお仕事に呼ばれるようになっていました。自分の歌を試したくて歌の大会にも出ました。

テレビ朝日系、『全日本ノンプロ歌謡大賞』では、名古屋での中部地区大会を勝ち抜いて、東京の本戦にも進出しました。外務大臣賞を頂きました。

しかもその年には、ある大手プロダクションからスカウトの話も来たんです。ただ、条件が一つ。「演歌を歌ってほしい」でした。悩みました。私、テレサ・テンさんの『愛人』や『時の流れに身をまかせ』のようなジャンルならコンクールでも歌ってはいたんです。しかし、「演歌」となると、さすがに友達とカラオケに行った時にたまに歌うくらいしか経験がなかったですし、自信もありません。

これは無理かな、とお断りしてしまいました。

すると、翌年も同じ大会に出場でき、また賞を頂いていたので、そのあと、別の大手プロダクションから声がかかったんです。今度は歌のジャンルに対する縛りはありません。ただ、おカネの問題が障害になりました。私は借金を抱えているので、それを返し終わるまでお給料を頂きたい・・・。さすがに会社はそこまでは出せない、となってうまくいきませんでした。これも私の運命・・・。無理をしてはいけないな、と自分の心に言い聞かせました。

もともと「絶対プロになる」確信もなかったし、このまま金沢で仕事を続けて好きな歌を趣味で歌っていくのが私の人生かな、と諦めかけた矢先、チャンスが訪れたのです。ある有名な作曲家の先生が、年に一度、金沢のファンのために、金沢まで来られて集いをされてると、私の知りあいの方から聞いて、私も参加させていただきました。

食事をしたり、歌を聴いて頂けたり。

するとその先生が、打ち上げの席で、

「もしやる気があるなら、東京に来ますか?」

って言ってくださったんです。身体中の血が逆流しました。でも気を取り直しました。

私は、先生が酔ってらっしゃるからだろうと感じたし、会を仕切っている地元の方からも、

「あんまり本気にしちゃダメだよ」

とクギをさされてました。私も、「そうだろうな」と納得してその時はそのまま終わってしまいました。でも翌年、また同じ会が開かれた際に、先生に再び、

「今度、東京に様子見においでよ」

とお誘い頂いたのです。今度は、お酒も飲んでいない席で。もう私も20代も半ばすぎになっていました。デビューするなら10代で上京するのが普通と思って、「でも私、歳なんですが」と言いましたら、先生はおっしゃるんです。

「40歳を過ぎたくらいの方が、いい歌、歌えるんだよ」

なんと素晴らしい先生！　このチャンスを逃したら、たぶん一生、プロの歌手になれる機会は巡ってこないだろうと思いましたし、また、その頃、父の借金も終わりかけていたので、そろそろ自分のために生きてみようかなと思って上京する決意をしました。

後に先生に、「なんでこんな私に声をかけてくださったんですか？」お聞きしました。歌のうまいコ、ルックスのいいコならいくらでもいるし。すると先生いわく、

「キミは人に媚びないから」

えっ・・・⁉　意外なお答えでした。

先生のまわりは確かに、いつも人だかりでした。金沢にいらっしゃった時も、先生と

一緒に写真を撮ったり。先生のそばでいろんな質問をしたりする方は多かったです。私はそういうことが出来なかった。気後れして、なかなか近付けなかったんです。でもそこがかえって気に入って頂けたみたいです。不思議でした。

それから2ヵ月もたたない1989年の12月に私は会社に退職届を出しました。故郷・金沢を初めて離れて、東京に向かったのです。

上京してからは、先生の事務所があった渋谷区でアパートを借りて、先生のカバン持ち兼運転手兼付き人。そばでいろいろな場面を見させて頂きました。レッスンして頂いたのは1年目に3回だけ。「テクニックより感性を磨きなさい」とアドバイスされ、本を読んだり、映画をどんどん観たり、心と感性の勉強が続きました。ようやくCDデビューさせて頂いたのが1993年なので、3年と少しかかりました。

保科有里を語る
○石山奈穂美

金沢西高校時代からの親友。卒業後も付き合いは続き、結婚式では保科有里が『愛の讃歌』を披露した。

けっこう地味な高校生時代。でも文化祭ではバンドで登場！

高校1年で入った時から同じクラスだったんです。でも、そんなに目立つタイプじゃなかったかな。金沢大付属中学から来てて、彼女はあんまり知ってる子がいなかったみたいだし、私も大人しい方だったから、それで自然に声かけあって、親しくなったんだと思います。
歌は好きでしたよ。当時、百恵ちゃんとか淳子ちゃんとかアイドル全盛で、アイドル志望の子もいた中で、彼女は、「プロになりたい」って感じではなかった。ただ、歌好きで、歌謡教室に行ってたのはよく覚えてます。

歌は百恵ちゃんのような落ち着いた曲が好きだったみたい。

ホントに二人とも普通の高校生。自転車通学で、たまに若い子がいくお店でご飯とかスイーツとか食べて帰るくらい。

でも、高校の文化祭になると、バンド組んで演奏してました。彼女ともう一人の友達がギターで、一人はピアノ。彼女はリーダー格で頑張ってましたね。歌ったのは『いちご白書をもう一度』とか、かぐや姫の曲とか、なるべくハモれるものを選んでやっていました。

高校の時から、好きなタイプの男性は変わりません。グイグイ迫ってくるより、ちょっとシャイなかわいいコが好き。「見守ってあげたい」と思わせる相手に弱いんです。だから、最近、テレビで「石田社長の愛人」って噂されたりしても、「そんなはずない」ってすぐわかりました。好きなタイプと真逆だから。

だいたい「愛人」作るような男性は大嫌いですね。二股かけられるような性格じゃないし、かけられるのもイヤ。男性に媚びたりもしない。

高校出て就職してから、ときどき会って悩みごとがあったら相談し合ったりして、「ごくごく普通の地元の友達」と会う感覚でした。私の結婚式でも『愛の讃歌』歌ってもらったり。

ご家族とも何度も会ってますよ。彼女もウチも、血液型B型が揃った「B型家族」で、それでウマがあったのかもしれません。

家が破産になって、引っ越しした時も話はいろいろ聞きました。ちょうど妹さんが中学3年の受験期だったし、大変だったと思いますよ。「長女だからしっかりしなくちゃ」って自分に言い聞かせている感じでしたね。

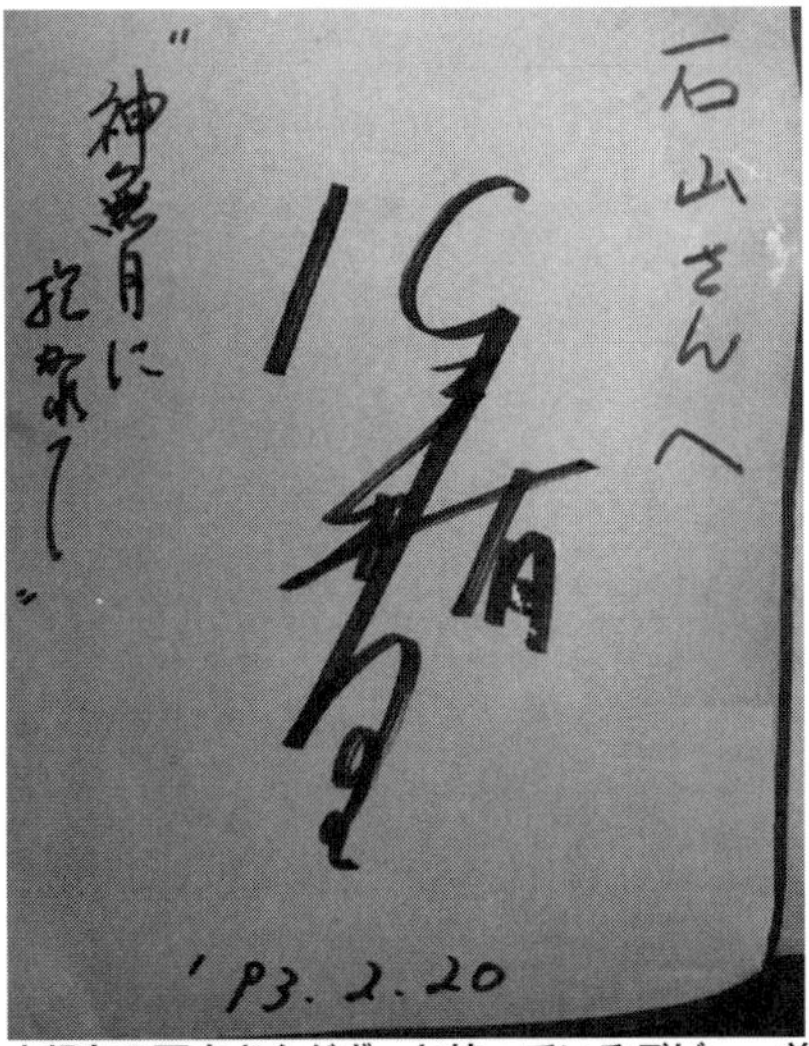

大親友の石山さんがずっと持っているデビュー前日に書いたサイン

「愛人キャラ」もだんだん慣れて来た!?

だから、「歌手になるために東京行く」って聞いた時は、とても驚きました。

10年近く地元でOLやってて、もう

20代も後半でしょ。だから、歌は趣味で、そのうち結婚もして平凡に生きるのかな、と思ってた。ぜんぜん「歌手になってやる」なんて野心は感じなかったですし。

東京の有名な先生に誘われて、「やるとしたら最後のチャンス」で決心固めたのかもしれない。

デビュー決まった時は本当に嬉しくて、芸名もデビュー曲の『神無月に抱かれて』も素敵でした。

ただ本人の意志ではないでしょうけど、公表された年齢が4歳下になっていて、同級生と言いたいけど微妙でした。

それからずっといい歌を歌ってるのになかなかテレビに出られない。うまくいってるのかな、と心配してたら、あのCMでしょ。初めて見た時はビックリしましたよ。

「え？　歌じゃなくて、これ？」

「社長、安くして〜！」ですからね。彼女が「愛人キャラ」っていうのも、ピンと来なかったです。OL時代も、Hなオジサン大嫌い、絶対ムリ、ってくり返し何度も言ってましたから。

でも、どんな形でも、テレビに出れば顔は売れるでしょ。それはいいことだな、って見ていくうちに、だんだん違和感がなくなって、すっきり見られるようになりました。今は、C

Mで見ない日もないくらいだし、高校時代からずっと知ってる友達としてとても嬉しいです。「愛人キャラ」も、最初はいじられてちょっと微妙な反応だったのが、今はもう振り切ってるみたいで、キャラクターも定着してきてる。イタについてきたっていうのかな、ウチの家族もみんなで楽しく見てます。魅力なかったら愛人とも言われないですよね。『週刊さんまとマツコ』みたいなバラエティでも、かわいかったじゃないですか。有里ちゃんのこと知ってもらって、バラエティの仕事も増えて。あとはもっとみんな、有里ちゃんの歌を聴いてほしいな。

金沢来たら同級生グループで、芸能人らしからぬ金沢弁丸出しの女子会（おばちゃんトーク、さっぱりしてて飾らず、いつも誰に対しても変わらない、ずっと仲良しのままです。

昨年は30周年、すごい歌手の方々とのコンサートや橋さんとのデュエットまで、本当に夢みたいですね。

自分から前に出る性格じゃないのに、これまでやってこれたのは、まわりに感謝できる人柄のおかげかな。

今後も、歌はもちろん、CM、バラエティ、お芝居、ラジオ、クイズ、いろいろ挑戦し続けてほしいです。

保科有里を語る

○吉田万里子

保科のOL時代の友人。同じ会社につとめていて、年は保科よりも上だが、途中入社で後輩にあたる。デビュー前、保科が『全日本ノンプロ歌謡大賞』に出演した際、友人代表として取材を受けたこともある。

テキパキして、ちょっと怖い、デキる女だったんです。

部署はまったく別だったんです。保科さんは総務でおカネの計算をするところで、私は中古車販売。売り上げのおカネを持っていくくらいで、滅多に顔を合わせることもありませんでした。最初の頃の印象は、「デキる女」。おカネの処理はてきぱきやるし、こ

ちらの支払いが遅いと、

「遅れてるんですけど」「ちゃんと払ってもらわないと困ります」言いにくいこともズバッと言う、ちょっと怖い存在。近寄りがたいくらい。年は私の2つ上だけど、入社は6年あと。だから感覚としては私は後輩です。彼女はみんなに、「あ、これは任せたよ」って頼られてました。

近づくキッカケは、私と同期で入った女の子の存在です。彼女、部署は保科さんと同じところで、いつも「なんで出来ないの？」と怒られてたみたい。

同期なのでその子の話をよく聞いてたんですが、

「怖い。あの人にまた言われて怖い」

実はそのコ、「天然ボケ」タイプで、本当に仕事できなかったんで、保科さんがお説教したくなる気持ちもわかるんですが、私も保科さんには「怖い」イメージしかなかったです。それが変わったのが入社して1年たったくらいかな。偶然、その天然ボケの子も含めて何人かで飲みに行って、流れでカラオケ行ったんです。

うまいんです、保科さん。テレサ・テンさんの歌とか。へー、ただ経理で頭が一杯な人じゃないんだ、ってわかった。そこから親しくなったんです。保科さんも私も組合の仕事もするようになって、会う機会も増えたし。

神戸にグループで旅行に行ったり、北海道は二人で行ったりもしました。話してみたら、気さくでかわいいしね。

血液型は保科さんも、ウチの家族もみんなB型。そこもよかったのかもしれない。人に強制しないで、自分は自由に生きる。自然体でいられるのがB型の特徴。

一見、色っぽい感じでしょ。だからオジサンも寄ってくる。でも付きあってみたら色気なんて皆無なんです。「酔ったオヤジに迫られるのも困ったもんね」なんてあけすけに言って、豪快に笑う。気持ちいいですよね。

驚いたのが、定期的に保科さんの「ディナーショー」があったこと。まだ東京に行く前、OLの頃ですよ。地元のボーリング場の社長が知りあいらしくて、土曜の夜、そこのボーリング場の2階で、彼女がワンマンショーをしてるんです。私も3~4回は行きました。サンドイッチなどの軽食もついて、1時間くらいかな。お客さんも40~50人は集まってて、同じ日産プリンスの人たちもけっこう来てる。曲目はカーペンターズから百恵ちゃんまでいろいろ。男の人のファンも結構いて、「すごいな、この人」と驚嘆!

現職OLなのにディナーショーですもん。会社もよく認めましたよね。

ＯＬ時代の友人・吉田さんとともに

結局、ボーリング場がなくなるまで続きました。

歌もトークもうまいし、もっとスゴい人なのに！

まだプロになる前、保科さん、『全日本ノンプロ歌謡大賞』っていうテレビ朝日が放送したコンクールで、決勝進出したことがあったんです。その時には、放送で流す紹介ＶＴＲで、保科さんと一緒に内灘の海辺に行ったり、湯涌温泉でバスタオル巻いて入浴シーンを撮ったりしましたよ。ただ、金沢ではテレビ朝日流れてなくて、見られなかったけど。

プロになる気はあったんでしょう。結婚するタイプじゃなさそうだし、一人で何かやっていくんじゃないかって。

私の結婚式の司会もやってもらいました。日産プリンスでは、保科さんが司会をしつつ、キャンドルサービスでエコー入れて生唄を歌うのが定番になっていたくらい。椎名恵さんの『LOVE IS ALL』でしたね。

彼女が上京してからも、ときどきは連絡取りあってました。金沢に帰って来てホテルのディナーショーがあったら行ったりもしました。

一度本当に偶然、東京・品川のホテルパシフィックで、彼女のショーも見ました。私が家族で東京に旅行で行って、パシフィックに泊まったんです。そしたら、ちょうどその日が、月一回の保科さんのショーの日で。もう20年以上前かな。

頻繁には会えません。私も子供3人育ててましたし。

「カラオケ一番」のCMくらいから、保科さん、テレビに出るようになりましたね。「あ、昔のままだ」って思う半面、もう東京の人になっちゃってる、っていう気持ちも少しありました。

最近のCMでは、いかにも甘えた「愛人」ぽさが話題になってるけど、実際の保科さんはぜんぜん違う。どんな時でも一人で頑張るし、熱があっても会社に出てくる人なんです。だから、私からすると、あの甘え声は、ちょっとひきつってて、わざとらしい気もします。

それに、本当はもっとスゴい人なのに、って残念でもあります。ディナーショーを見れば、歌もトークもうまいし、ラジオでも語りがすごく上手なの。ところが、ＣＭだけだと、「甘え上手の女性」にしか見えない。テレビでも、もっと歌やトークが出せればいいんだけど、なかなかそういうのって難しいのかな。

でも、社長とのコンビは見ていて面白いですよ。ＣＭも、もっともっといっぱい出てほしいし、流れてほしい。素晴らしいじゃないですか、昔からのお友達と、毎日、テレビのＣＭで会えるなんて。

保科有里を語る

○母・利恵子　妹・千穂

【母】　保科には、「あなたが歌手になれるわけない」「ダメならさっさと金沢に帰ってきなさい」とネガティブなことを言い続けて来た。

【妹】　８つ年下の保科の妹。保科のことを「父親みたいな存在」と言う。24歳で結婚。今も母とは一緒に暮らす。

歌と踊りが大好きな少女だった

利恵子　あのコはね、ちょうどご近所に小さい子供がいない年代だったんで、近所の皆さんにほんとにかわいがられてたんですよ。

千穂　あ、私も少し覚えてる。近所の家を回って遊んでた。社交的だったよね。

利恵子　金沢大学の付属小学校に入れたのは、私の甥っ子が入ってたもので、どうせならあのコもアタマ悪くなさそうだし、だったら試しに受けてみようかってなったんです。

千穂　ほら、制服がセーラー服に赤いリボンで、かわいかったのもあるじゃない。地元で、他にあんな制服、なかったし。

利恵子　ただ、入ってみたら、まわりはお金持ちやいいとこのコばっかりで、肩身が狭かったらしいね。

千穂　しょうがないよ。お友達の家に行くと、だいたいお手伝いさんがいて、何でもやってくれるらしいから。比べようないよ、ウチとじゃ。

利恵子　芸能っていったら、小学校から踊りの稽古はやってたね。民謡に合わせて踊るんだけど。踊ったり歌ったりは好きでしたよ。

千穂　高校でもバンド組んで文化祭出てたじゃない。歌はずっと好きだったのよ。『君こそスターだ！』のオーディション行った後、乙田先生に声かけられて勉強始めたのも高校の時だよね。

利恵子　幼稚園の頃からオルガンやってた。あとお琴。ピアノは、とてもピアノを買う余裕ないんで出来なかった。お琴も資格取るのにおカネかかるんで、やめてもらった。親の甲斐性がなくて申し訳なかったですね。

千穂　でも、民謡の踊りは「梅琴」って名前までもらったじゃない。私も、乙田先生の歌謡教室には通ったけど、いつも怒られました。ところがお姉ちゃんは、直すところがない、ってホメられてた。生まれもった歌の素質がそもそも違っていたんでしょうね。

利恵子　父親は病気がちでね、娘たちには迷惑かけました。

千穂　いつも胃が痛いって言ってたね。それで入院するし、お姉ちゃんは、クリーニングの機械を動かすために部活もやめて、家に帰って手伝いしなきゃならなくなった。

利恵子　いよいよ店がダメになった時は、私と娘二人は市営住宅に引っ越したの。

千穂　エレベーターのない5階建ての5階。上がるの大変だったよね。それに私はちょうど高校の受験勉強の真っ最中。もうみんなこれからいったいどうなっちゃうのかなと思ったよ。

母、妹、姪とともに。(左から母、私、姪、妹)

『花の香りに包まれて』では、母も泣いた!

利恵子　あのコが東京に行く、って言い出した時は、そりゃ反対しましたよ。もう26か27くらいになってたし、いい年だったから。発表会やったり乙田先生と刑務所の慰問やったり、地元でもやってたんですよ。「東京に来ないか」って勧めてくれた作曲家の先生にも、「ダメなら早く返してください」って頼みました。

千穂　会社の仕事だって、バリバリやってたもんね。

利恵子　まわりでも「行ってみたら」なんて言う人は一人もいない。私はどうせ戻ってくるし、行っても無駄、と思っていました。

千穂　別れた父の再就職も、お姉ちゃんが面倒見てるし、私たちが住むアパートの手続きとかも、全部お姉ちゃんがやってくれた。もう、「父親みたいな存在」になっちゃった。上京してからも、手紙がよく来て、「父さん、母さん、大事にね」って。ずっと気にかけてたんでしょうね。

利恵子　もう30近かったし、親が別れたのは見てきてるから、結婚してほしいとは思わなかったけど、歌手になってほしいとも、ヒット曲を出して売れるともちっとも思わなかった。

千穂　それでもよくやってたよ。金沢ではずっと年1回のディナーショーはやってたし企画もお客さん集めるのも、みんな自分でやってたし、お母さんだって、お友達に声かけたりしてたじゃない。

利恵子　そうだね。あのコは「親に迷惑かけたくない」って言ってたけど。

千穂　お姉ちゃんは、女性にかわいがられるんです。特に「デキる女性」に好かれる。地元のクラブのママさんとかにかわいがられる。サッパリしていて、とっても義理堅いから。

利恵子　ネチネチしてないんだよね。人に甘えたことなんかないね。

千穂　媚びうらない。だから、CMのイメージとは真逆。よく社長さんが、あのイメージ作ったって感心します。

利恵子　あれは、あのコも、自分の性格とは違うのに、よく頑張ってるなぁと。

千穂　エラいな、よくやってると。

利恵子　よくここまでやってきたと思います。

千穂　金沢のディナーショーに石田社長がいらしたこと、あるんですよ。まだお姉ちゃんが夢グループに入って間もなくて、社長も、「彼女はぜんぜん認知されてないし、どうしたら知ってもらえるかな」って心配してくれていた。

利恵子　私も社長とはざっくばらんに話せますね。「娘を使ってください」なんてお願いはできませんでしたけど。

千穂　横にいると、お姉ちゃんも「社長、ちょっと黙ってて」なんて平気で言ってて、こっちが心配になってきちゃう。自分が社長を支えてる、っていう自信があるのかな。

利恵子　あのコは、飾ったりウソついたりしないし、本当に思ったことを言う。
千穂　裏表はないね。
利恵子　ヒット曲もないのによくやってる、っていう人もいるけど、ここまで続けてれば上出来。私は「頑張れ」なんて言ったことないから・・・。
千穂　ＣＭのおかげで、名前も知られるようになったしね。
利恵子　私は、あのコが子供の頃から、道で転んだりすると、「大丈夫？」といたわるより、「よそ見してるからでしょ？」ってたしなめる。それで何でも自分で出来るコになったのかもしれない。
千穂　お母さんは、ずっと「歌手になるなんて無理」って言い続けてたけど、やっぱりお姉ちゃんがちゃんと歌手になって嬉しかったんでしょう。この前出したＣＤの中にも『花の香りに包まれて』って、お母さんのことを歌った曲があるんです。あれ聴いて、泣いてたもん。
利恵子　泣いてたっけ？
千穂　泣いてたよ。

第三章

なぜか、昔から「愛人キャラ」と誤解ばっかりされて・・・

男性への「期待度」がほとんどない私

女性でも、人によって「理想の男性像」って全然違うじゃないですか。「いつでも自分を引っ張ってくれる力強い男性」が好きな人もいれば、「自分を拘束せずに自由にさせてくれる優しい男性がいい」人もいる。

どれだけ男性に「期待」するかの期待度もありますよね。男の人ならば、たぶん生活費くらいは面倒見てくれるとか、子育ても手伝ってくれるだろう、とか。

こういう「理想の男性像」や「期待度」があるからこそ、女性は結婚もし、一緒に家庭を守っていこうと思うものではないでしょうか。

私は、どうもそれがないみたいで、だからあまり結婚願望はなく、今まで結婚という決断に至らなかったのかもしれません。

最大の原因は父でしょうか。頼りない父の姿をずっと見てしまったために、「もう私はずっと一人でいいかな」と悟っちゃったのかもしれません。あ、でも、妹は、同じような環境で育って結婚して子供もいるんだから、おかしいですね。

受け取り方は人それぞれですよね。

もちろん、男の人と付き合ったことがない、なんてブリッコキャラのウソは言いませんよ。ただ、男の人に「私のためにこうしてほしい」「あれ買ってほしい」なんてオネダリした記憶はまったくなくて。

前にも書きましたが、子供の頃は、ブサイクなのがコンプレックスでした。特に鼻。丸くて低いんです。ウチの母の家系かな。そのくせ、男のコは、ルックスのいいコに憧れてた。目が二重で、彫りが深くて、何より鼻が高い人。自分にないモノを求めるんでしょうね。俳優さんでいったら真田広之さんとか。

そんな人が私と付き合ってくれるわけない、と諦めていました。

結局、「都合のいい女」になっちゃう！

ＯＬになって、社会に出てからは、何人か、お付き合いしましたよ。同い年くらいか、ちょっと下。どうしても鼻筋が通った目がきれいな男性に行っちゃう。

でも、どうも「都合がいい女」になってしまうんです。相手に嫌われないように気を使い過ぎるのかな。

「明日、オレ、都合がいいんだけど、会える?」

連絡が来たら、こっちは「いいよ」って答えて、すこしくらい都合悪くても、強引に予定変更して、向こうに合わせちゃったり。それで私の方から「会いたい」とはほとんど言わないんです。言えないのかな・・・。

2年以上付き合ってた人でも、彼が別の女性に乗りかえた時には、

「私とじゃない方がいいのなら、無理しないであっちに行っていいですよ」

って。あちらは、躊躇していましたが、別れてさしあげました(笑)。

「自分が好きになった人が別の人を好きになっても、彼が幸せになるなら、それでいいじゃない。自分は我慢できるけど相手を我慢させるのは難しいですから・・・」

これ、相手をおもう人間愛? どうなんでしょう。やっぱり男の人に対する「期待度」の低さなのかもしれない。私の方からは何かしてあげたくなっても、男の人に何かしてもらおうと思わないんです。無理強いは絶対いやでした。

子供はほしかったですよ。

ただ、産むのはこわかったかな。仕事がうまくいって稼げるようになったら、養子を

引き取って育てるのもいいかな、と思ったこともありました。

「結婚しよう」と言ってくれた人もいました。「子供は欲しくないし、かまわない」って。でも東京に行く話が出て立ち消えになりました。

ウチの母からも、「結婚しなさい」とは言われなかったですね。父のこともあって、母も男性に対する「期待度」は低くなっていたのかな。

もちろん私も女性ですから、今でも頼れる優しい男性を心の奥底で求めている気持ちは否定できません・・・。

ただ、いつも思うのは「自分が幸せになりたい」と望むと、幸せじゃないと相手のせいにしちゃう・・・。

一方で「相手を幸せにしてあげたい」って望むと、その後、幸せじゃなくなったら、自分のせいだと思う。自分も相手も両方「幸せにしてあげたい」って思ったら、その時こそ、幸せになれるんじゃないかしら・・・。そう信じていたいです。

オジサンたち、「イエス」「ノー」の確認くらいしなさい！

結婚を意識した交際とはまた別に、なぜか私を誘ってくる「オジサン」がとても多かったんですよね。どうしてなのかな。どうも「愛人」向きに見られてしまう。金沢でのOL時代は、そんな話はしょっちゅう。いやになるくらい。

まだハタチそこそこだったでしょうか。取引先の妻子持ちの男性、まさに私にとってはオジサンだった方に食事に誘われたんです。私も取引先とのフレンドリーなお付き合いは大事だからって誘いをお受けして、一緒に食事はしました。

今ほど飲酒運転にうるさくなかったんですね、そのオジサン、お酒を飲んだ状態で私を車に乗せて、車を走らせ始めました。私は、「運転、大丈夫かな」と心配しつつ、家まで送ってくれるのかな、と大人しく座っていたんです。

そしたら、その方、いきなりラブホテルに入ろうとして。

ヒドいじゃないですか。「イエス」も「ノー」も何も聞いてこないで、勝手に行動しちゃう。腹立ちましたよ。

「いつ私があなたを好きと言いましたか？」

って思いましたが、取引先なので、またちょくちょく顔合わせなくちゃいけない。相手の顔をつぶしたくないし。なので、私はその方にこう言いました。

「因果応報ってご存知ですか？　私がこういう目にあったら、あなたの娘さんも同じ目にあうと思うし、私が結婚した後に、自分の夫も同じことをすることになりますから」

イヤな顔をされましたが、理解してもらえたのか、無事に帰ることが出来ました。こういう時は、シラケさせるのが一番だと思いました。

それから、オジサンの中には「食事に誘ってOKしたら、もうあっちもOK」と思い込んでいる人がけっこういるんだな、って知りました。

しかも、オジサンはチャラチャラして、いかにも口の軽そうなギャルタイプには声をかけて来ないんです。口が堅くて、秘密を守ってくれそうな女のコを狙ってくる。私は、そちら側だと判断されたんでしょう。

せめてイエスかノーかの確認をしてほしいですよね。

「オジサンにモテる」ってことじゃないんですよ。だいたい相手の目的はひとつなんですから。バカにされてる気がして、無性にハラが立ちます。

もらった100万円は、もちろんお返ししました！

デビューしてからも、よくありましたね。

ディナーショーのチケットをさばくために、知り合いの方にいろいろなお客様を紹介してもらったりしました。その中に、ある社長さんは、

「わかった。2テーブル、買ってあげるよ」

ありがたいですよ。それだけで30万円分くらいですから。ところが、いざ買って頂くとなったら、

「部屋とってるんだけど」

来たか！　ですよ。なんとなく、そんな気はしたんですけど。向こうはそれが当たり前だと信じてるから弱っちゃう。

「すいません。買ってもらわなくていいです」

断りましたよ。

デビュー直後だったかな。大阪から来た社長さんに迫られたこともありました。

「有馬温泉に行くんで、おいでよ」

何人かで宴会やるからって言われて、信頼している知人といつも一緒に食事をしていた方だったので、そんなに不安もなく、行ってしまったんです。

ところが行ったら、社長と私だけ。それも有馬温泉でも一番隅っこの方で駅からは離れている。

「部屋は別」のはずが、「満室なので相部屋」になっちゃった。こんなに絵にかいたような展開はないですよね。

旅館内のレストランで一緒に夕飯食べつつ、どう逃げたらいいか、ずっと考えてましたが、もうバスもなくなっていて、帰りようがない。

部屋に戻ったら、当たり前のように布団並べてあるでしょ。しかもいきなり、「よく来てくれた」って100万円くれるんですよ。

私、急いで布団を離しました。「イヤだ」っていう意思表示。まさか命まではとらないだろうって思いましたが、焦りました。

「こっちへ来なさい。一人じゃ寂しいだろ」

ささやきかけて来たので、

「いえ、一人じゃないと眠れないので」

って何度も言ったと思います。

誘いかけてはきたけど、襲ってくるほど強引な人じゃなかったので救われました。お酒飲んだのもあって、イビキかいて寝てくれた。さすがに一睡もできませんでした。

もちろん、翌朝、100万円は返しましたよ。

「いいよ。一度あげたものだから」

「受け取れません」

受け取れるわけないでしょ。もらう理由ないもん。

「オレの言うことを聞けば、もっといい思いができるよ」

困ったオジサンたちには、必ず出てくるキメゼリフがあるんですね。それは、

「オレの言うことを聞けば、もっといい思いができるよ」

ある歌手の方の有力なスポンサーで、その方の誕生日に大金をポンッと出す社長さんも、お会いした時、このセリフが出ました。もうそれからは、ちょっと距離を置くよう

にしました。

ＯＬ時代でも、ご飯はよくごちそうしてもらったんですが、「もっといい思いができるよ」は何度も出てきましたね。

「どう、ハワイでも連れてってあげようか」

「いいですね。お友達も誘って、みんなで行きたい」

「違う違う。ぼくとキミだけ」

「え、でも部屋は別々なんですよね」

「何言ってんの。子供じゃないんだよ」

気持ち悪いんですけど・・・。それで、例のセリフです。「もっといい思いができるよ」って。

どうしてこうなるのかな？　「いい大人」になればいいのに、「男」を出してしまうんですね。

私の方にも、そういう人たちが声をかけてきそうな雰囲気があるのかな。前からよく、けだるそうとかアンニュイとか言われたことがあって、元気ハツラツっていう雰囲気じゃないようで・・・。もともと低血圧でときどきふらっとするせいかしら・・・(笑)。

ましてや家も破産して、一家も離散して、借金を抱えながら一人で生きている女性、ってやっぱり大好物なのかもしれない。

「援助してあげるよ」

で、なびいてきそうじゃないですか。「薄幸」のイメージって、そのまま「オトセそう」につながるのがイヤですよね。

また、そういうオジサンたちって、どこでも「あのコにカネつかった」とか吹聴するんです。それも最低ですね。

CMを見た方に「愛人っぽい」と言われるのも、最初は抵抗ありましたよ。「援交」みたいなのは大嫌い。必要なもののためにオジサンからおカネもらうくらいなら、自分で稼いで買った方が気持ちがいい。買えなければ我慢すればいい。

結婚への憧れが薄いのも、この体験があったことも要因かもしれませんね。私に声をかけて来たオジサンたちは、みんなご家族がいる人たち。浮気するエネルギーがあったら、その分で奥さん幸せにしてあげて、って説教したくなっちゃう。もう「反面教師」。結婚したら私が奥さんの立場になるわけだから、因果はめぐります…と信じています。

男性ってヤンチャしてもある程度許されるところがありますね。ずるいなぁ。私、来世は男性に生まれたいかな。そして女性を幸せにしたいな。

そう、願わくば世のオジサマたち、どうか「ステキな紳士」でいてください！　若い女性の皆さんも、おごってもらえるから、何か買ってもらえるからと安易に付いていったりせず、もっと自分を大切にしてくださいね。

その点、石田社長は、その類のオジサンではなく、「自分の手で保科有里を売る」って意地で、本気で私が「もっといい思いができる」ようにと動いてくださってる。日々一緒にいれば、プチ不満が出ちゃう時もありますが、その何百倍も感謝があります。

だって社長は、普通の人間ではない「宇宙人」なのだから！　って思う今日この頃なんですから。

保科有里を語る

○奥田江利子

1965年宮城県石巻市出身。東日本大震災で両親と子供たちを失い、心の傷が癒えなかったところを、保科有里の歌声で救われる。あるキッカケから、彼女と家族同然の付き合いをするようになる。

「男前」の、竹を割ったような性格の人ですよ、有里ちゃんは！

もともと私は保険会社に勤めていて、そのお仕事の縁で、松方弘樹さんと知り合いになる機会があったんです。一緒にお食事をさせて頂いたこともありました。ただ震災が

奥田さんともに

あって、その保険会社も退職してしまい、しばらくは外に出る気力も出ない日々が続いたんです。

ようやく3年たった頃に、「しっかり生きていかなきゃ」と気を取り直して、新しい仕事に取り組み始めました。そしてちょうどその年の秋、仙台で松方さんのステージがあるのを知ったんです。すぐに「会場でお会いしたい。お会いできなくても、一目お顔を見て元気を頂きたい」と思って、会場に足を運びました。

そこで有里ちゃんの歌と初めて出会ったんですね。『さくらの花よ　泣きなさい』。当時の私の心境とピッタリとハマってしまいました。決して大げさではない。でも力強くて、心地よい、優しさにあふれた歌声にホッと慰められたんです。

いいな、この人の歌・・・とステージが終わった後に、ついCDの販売ブースに行って、有里ちゃんの曲を買ったんです。そこには本人もいて、私、思わず、私の新しい仕事の名刺を差し出して、「これを松方さんに渡して頂けませんか」って。

ぶしつけで失礼ですよね。いきなりどこの誰かわからない人間が、こんな申し出をするなんて。でも、有里ちゃんは、「あ、知り合いなのね」と直感したみたいで、すぐに私を松方さんの楽屋まで連れて行ってくれたんです。

瞬間でした。「この人なら大丈夫」と判断すると、すぐ行動してくれた。おかげで私は松方さんと久しぶりに再会して、写真も撮って頂いた。嬉しかったですよ。

有里ちゃんは、一度決めたら行動が早いんです。ぐずぐずせずにパッとやっちゃう。

それからですね、有里ちゃんと交流が始まったのが。彼女としては震災での事故に対しての励ましの気持ちもあったのかもしれない。でもそれ以上に、ウマが合ったんじゃないかな。赤坂のサントリーホールでコンサートやった時も、「ここでやるんだけど、東京に来ない?」なんて誘って頂いて。

不思議なんですよ。友達の娘さんが金沢の大学に通っていて、その友達の方と一緒に金沢に行ったことがあったんです。「あ、金沢っていったら、有里ちゃんの故郷だし、どこかで会うかもね」なんて話もしてたんです。

そしたら、ホントに新幹線降りたら、有里ちゃんと石田社長が駅前でロケやってる。BSフジの夢グループの番組だったかかな。「まさかこんなタイミングで会うとはね」と有里ちゃんと言い合って別れたら、また兼六園で鉢合わせになっちゃった。

「撮影スケジュールなんて、社長のアタマの中にしかないのに、偶然って重なるのね」

有里ちゃんも社長も驚いた。そんなこともあって、どんどん仲良くなっちゃったんです。

社長と有里ちゃんは「あ・うんの呼吸」

7年くらい前かな、石巻でカラオケスナックを始めた時も、お祝いにきて歌ってくれました。

いいえ、今みたいにCMにバンバン出る前で、顔も知られてなかった頃。でもね、歌はみんな聞きほれちゃうし、人柄もいいでしょ。その後も、ちょくちょく私の店に寄ってくれるようになって、石巻でもファンがどんどん増えてくの。

わかるのよね。有里ちゃんは歌が好き。大ホールなら力入れてもスナックではテキトーに手抜きして歌うなんて、絶対しない。どこでも一生懸命。私の店に来てくれたら、お客さんみんなと賑やかに楽しんで歌ってくれる。

CMの「社長、安くして～！」みたいに男に甘えるような感じはぜんぜんない。「男前」っていうのか、竹を割ったようなさっぱりした性格で、お金持ちもそうじゃない人も、一切関係なく受け入れるの。

自分のことより、まず相手のことを考える気配りややさしさもあるんです。自分は電車で移動できても、一緒の方が疲れてると感じたら、タクシー代払って乗せていったりするんです。

それでいて、もう、自分で出来ることは、人に頼らずに何でもやっちゃう。旅行の時の大きなトランクの上げ下ろしなんか、ほとんど人に頼らないで自分でさっさとやっちゃうんです。

だいたい有里ちゃん、付き人もマネージャーもいないんです。「芸能人」なのに自分でトランク運んで、それを別に本人も不満に思ってないみたい。だから、私も東京に来たりしたら、最近は、付き人みたいなこともしてるんですよ。なんでも自分でやるなんて、ちょっとかわいそうじゃないですか。なんかストレスがたまったりしたら、相談相手にもなれるし。

ＣＭのおかげで、有里ちゃんもすっかり顔が知られるようになったけど、残念なのは「安くして～」ばかりで、「歌手・保科有里」を知らない人が多すぎることかな。それも石田社長の戦略でしょうけど、私は、もっと有里ちゃんの歌を聴いてほしい。現に、私自身が、初めて彼女の歌を聴いて、元気と勇気をもらって、「頑張って生きよう」と決心できたんですから。

ただ、社長にとっては、有里ちゃんが、一番「楽」なお相手ではないでしょうか。この前も、お二人のＣＭ撮影を見学してたら、社長、手書きで簡単な台本を書いて、「ここはこうして」と有里ちゃんに指示を出すと、有里ちゃんはあっさり社長の希望通りやれちゃう。もう「あ・うんの呼吸」なんです。

だから社長は、彼女に「歌手だけをやらせておく」わけにはいかないんでしょうね、きっと。

さくらの花よ　泣きなさい

ラブ・バラード

グッバイ・ソウル

第四章
夢コンサート、そして出会ったスターの方々

ぜんぜんスターぶらない島倉千代子さん、会話もオシャレな浅丘ルリ子さん

「夢コンサート」では、ツアーで日本各地を回らせて頂き、数多くの大スターの方々とも共演させて頂きました。

思い出深いのは、ご病気と闘われながらコンサートに出演されていた島倉千代子さん。いつもスタッフの方に手をひかれながら楽屋入りされていたんですが、思わず私も、「手をひかせて頂いていいですか?」とお願いしてしまいました。

「いいわよ」

と、快くＯＫして頂きました。オーラはすごかったですが、気さくな方で、一度だけ、島倉千代子さん専用のワゴンカーに乗せて頂いて、お食事も誘って頂いたことがあって、緊張しながらも、大切なひとときになりました。

アドバイスもいろいろ頂いたんですよ。

「歌っている時は髪の毛は触っちゃダメよ」

とか。私、歌っていくと、髪が乱れてつい触ってしまう癖があったんです。そうならないように前もって、しっかり髪をスプレーでかためるんですね。

「アイシャドーはブルーを入れた方が引き立つ」

「この歌は、間奏は振付を入れた方がいいわよ」

気が付いたことは、細かくアドバイスして頂いた。しかも押し付けがましくないんです。「良かったら、聞いてね」みたいに、やさしく。

「これ、かわいいでしょ」とコサージュを頂いたこともありましたね。

亡くなる少し前かな、舞台にお出になる前に、「また手をもたせて頂いていいですか」「いいわよ」で、手を添えて舞台袖にお連れしたりもしました。一つ一つが心に残っています。

２０１４年には、小林旭さん、松方弘樹さん、浅丘ルリ子さんの「三大スター」のお芝居に出演させて頂きましたので、この時にも忘れられない思い出はたくさんあります。

松方さんは、いつもニコニコ。「飲みに行くぞ」と一声かけると出演者だけでなく、床山さんとか衣装さんとかスタッフの方々も加わって40～50人になったりするんです。松方さん、もちろんお代は全部払って、その一人一人にお酒をついで回るんですから、かっこよかったですね。

浅丘ルリ子さんは、楽屋にご挨拶にうかがうと、「あ、コーヒー飲んでいけば」と、気さくで全然飾らない方。

ある日の朝、松方さんの楽屋にご挨拶に行きましたら、松方さんが腰をおさえて、痛そうだったんです。どうやらホテルのベットで寝違えたらしく、それで私、「マッサージ、得意なんです」って松方さんを楽屋でマッサージさせて頂いていたら、ルリ子さんがそれを見られて、「私もやってよ。やってやって」

「え、でもルリ子さんにマッサージしちゃったら、折れちゃいますよ」

って言うと、

「大丈夫。私、マッサージ大好きだから」

そうおっしゃるので、お芝居も二部のコンサートも終わって、ルリ子さんのホテルのお部屋で、1時間15分くらいたっぷりやらせて頂きました。マッサージしながら、結婚された頃の話やいろいろお話してくださって幸せな時間でした。そして終わってから、

「これ、着る?」とブラウスも頂いて。

さらになんと1万円も私に差しだされて・・・。

「これは困ります。プロではないので」

と言うと、

「いいのよ、シャレだから」

「え？・・・でしたら、このお札にサインして頂けますか？」

とお願いしたら、笑いながら、おちゃめに
「バカっ」

って言われて（笑）。なんか、会話までオシャレな方なんです。

橋幸夫さん夫婦には、かわいがって頂いています！

ビッグな方と言ったら、最近で一番お世話になっているのが橋幸夫さんですよね。

はじまりは夢グループが主催していた『橋幸夫と歌の仲間たち』に、私も「歌の仲間」の一人として呼ばれたことだったんです。奥様もずっとマネージャーとして付いてらして、ある時、突然、おっしゃられたんです。

「有里ちゃん、いい歌を歌ってるわね。アルバム、買ったわ」

エーッ！　ですよね。わざわざ橋さんの奥様が、ロビーで売っていた私のアルバムを買って頂いていたんです！「すいません」て謝りたくなっちゃうくらいでした。

さらに、奥様、こんなことまで言われたんです。

「ぜひ橋とデュエットしてよ」

もう橋さんの承諾もとってらっしゃったみたいで・・・。光栄ですよね、橋さんとデュエットだなんて。もちろん「ありがとうございます」とご返事して、『今夜は離さない』の相手役にさせて頂いたんです。

まず奥様が、私の「歌」を気に入って頂けたのが嬉しかったです。奥様とは年もほぼ同じで、すぐに「仲良し」になってしまいました。

それからときどき、ご自宅に呼ばれて、橋さんご夫妻と石田社長と私の4人で食事したりするようにもなったんです。

そんな折、橋さんの口から「引退しようと思ってる」のお話が出て、社長、すぐに、

「わかりました。ならば、ぼくがラストコンサートツアー、やらしてもらいます」

さすがに反応が早い社長。それでツアーの司会は社長に決まり、橋さんじきじきに「有里には、またデュエットやってもらいたい」と言って頂き、私も大事なラストコンサー

トでデュエットさせて頂くことが決まりました。こんな場面に自分がいられて、本当に光栄でした。

それからも、奥様、しばしば私に、

「橋は、車の中でひとのCDは聴かないのに、有里ちゃんのだけは聴くの」

「橋はよく『有里は歌がうまいね』ってホメるの」

と教えてくださるんです。普通、橋さんほどの方とデュエットだと、どうしても緊張しますよね。それを解きほぐすように、働きかけてくださるんです。

ありがたいですね。

1年5カ月。長い引退ツアーをずっとご一緒出来て、とても貴重な体験でした。地方でも、ご夫婦と社長、私の4人で食事する機会も多かったんですが、橋さんご夫妻は、「有里ちゃん用に」と肉料理も頼んでくれるんです。なぜならば、社長はお肉が一切ダメで、社長との食事はいつも魚料理だとお二人はご存知で。

橋幸夫さんご夫妻が、ラストツアーの期間中、ご家族のように接してくださったことは、私の人生の誇りとなりました。

合鍵の交換もしてた東てる美さん

私生活でお世話になっているっていったら、なんといっても女優の東てる美さん。

ラジオ番組で、私の『NEKO』を聴いて頂き、コンサートまで来て頂いてからのお付き合い。てる美さんに、

「近所に引っ越しておいでよ」

言われて、本当に引っ越しちゃったくらい。

「きょう、ごはん作るから、一緒に食べない？」

連絡頂いて、しょっちゅう、ごはん食べさせて頂いています。「玄関開いてるから、勝手に入って来て」って感じなんです。

一時期は合鍵の交換もしてました。お互いが合鍵もっていたら、どちらかがなくしても、それ使えるでしょ。

もう、てる美さんには、男性問題から仕事のトラブルまで、なんでも相談しました。だから私の悩みは全部ご存知。私のダメなところもみんなさらけ出してます。

てる美さんは、私とは比べ物にならない様々なご苦労を経験されているので、私がどんな悩みを相談しても、「大丈夫よ、それくらいなら」ってガッチリ受け止めてくれます。なのでてる美さんに話すと、心の傷もすぐにカサブタが出来て、治りが早いんです。だからいつも、「てる美さんて優しくて強いな」って感心してしまう。私もそうならなきゃって。

それにてる美さんは、とにかく後輩の面倒見がいい。人には頼らないのに、やたらと頼られちゃう。若い役者さんのために、報酬なんて関係なくお芝居を主宰したり、みんなにご馳走してあげたり。どれだけ疲れていても、周りの人たちのために動かれる方。

あと。親しいお付き合いではないですが、すごく感動した思い出があるのはコロッケさん。もう15年くらい前。コロッケさんと作詞家の荒木とよひさ先生が仲良しで、私の『さくらの花よ　泣きなさい』を、コロッケさんがご自身のアルバムでカバーされていたんです。その縁もあって、コロッケさんが金沢でディナーショーをされる時、地元の私のラジオ番組で、コロッケさんのインタビューをさせて頂くことになりました。

もちろん初対面。それで私が自分のアルバムをお渡ししたんです。そしたら、ディナーショーの中で、ちょうど客席を回られている最中に、私の前に来て、

「こちらに私の友達が来てくれてます」

と私を紹介してくださり、わざわざ舞台のスクリーンに、私のアルバムを映してくださって・・・。

ジーンときちゃいました。私がＣＭに出演するようになるずっと前で、もちろんコロッケさんが私の名前を知っているはずもありません。こういうことって、忘れられませんよね。

「夢スター　春・秋」の仲間たち

縁が深いとなれば、今もずっと続いている「夢スター　春・秋」のメンバー。桑江知子さん、通称トモちゃんと、石井明美さん、通称アケちゃんとは、時間が合えば地方でも東京でも、三人で「女子会」する仲です。

こんなに気を使わないで何でも言い合える「お仕事仲間」って、そう簡単には生まれないかもしれない。詳しくはこの章の最後に、二人に語って頂いているので、そちらを読んでくださいね。

知りあってから長いのは狩人の高道さんと三善英史さん。私が夢グループに入った時には、もうお二人とも夢グループ所属でしたから。

私は三善さんとは、その前の前の事務所が一緒だったんです。ヒット曲の『円山・花町・母の町』のように、三善さんは、すごい「お母さん想い」なんです。ご自身のお母さんだけでなく、まわりのお母さんにまで気遣いがすごい。夢コンサートに私が母を呼んだ時も母に三善さんを紹介させて頂いたんですが、金沢に地震があったり、大雨だったりすると、必ず「お母さん、大丈夫?」って連絡頂いて。母親も「ありがたいね」って喜んでいます。

三善さんと高道さんには、会社に入ってすぐに、いろいろ相談しました。どんな会社でどんな社長なのか、ぜんぜんわからなかったですから。それに、とても社長とお話できる関係でもなかったですし。

夢グループ主催のカラオケ大会が開催されていて、お二人と一緒に呼ばれて、ゲスト審査員をしたり、私のライブに高道さんに出て頂いたこともありました。

大変だったのが「カラオケ一番」でお手本用の歌を録音した時。男性曲を高道さん、女性曲を私、それにデュエット曲まで含めると、演歌からポップスまで、それぞれ50曲以上歌ったかな。何を歌っても、高道さんはパーフェクト。私の方はそのレベルについていくのに必死でした。「ここはもうちょっと感情をこめた方が」とか、丁寧なアドバイスもしてくださいました。

高道さんは、とにかく明るくて、気前がいい。ツアーで地方へ行っても、「ちょっと食べに行こうよ」ってみんな誘って、豪快におごってくださるんです。

そしてまた、お世話になっているといえば平浩二さん。

私が小澤音楽事務所にいた1998年かな。当時、レコード会社はソニーで、ディレクターの方が、平さんのヒット曲『バス・ストップ』の女性版を企画していたんです。メロディーは同じで詞だけ変えるという。それで、ディレクターの方の推薦もあって、私が指名されました。

当然、私も「これから『バス・ストップ2』を歌わせて頂きます。よろしくお願いします」と平さんにご挨拶にうかがいました。札幌のお祭り会場でしたね。もし気難しい方で、「キミに歌えるの?」みたいに言われたらどうしよう、と心配していたら、さわやかな笑顔で、「お互いに頑張ろうね」とやさしくお声をかけて頂いて、とても救われました。

歌ってみると、今まで目を向けてくれなかったようなお客様でも「あ、知ってる曲だ」

と振り向いてくれるようになりましたね。「ヒット曲」の偉大さを改めて知りました。

奥様も、私のことをかわいがってくださって、家族ぐるみのお付き合いにもなりました。時には奥様と二人で食事に行ったり、ドレスを頂いたりも。私のディナーショーにも何度もご夫婦揃って来て頂いたりもしてくださっています。

先輩なのに「お友達」なロザンナさん、ユキさん、あべさん

「夢スター」春組の女性陣の中心といえば、やはり「ヒデとロザンナ」のロザンナさん。

夢コンサートに参加したのはだいぶ後ですが、芸能界では大先輩。でも、そういうのを全く感じさせないくらいフレンドリーで、イタリアの方なのに、「気さくな下町のお姉さん」みたい。楽屋で髪が少し乱れてたら、

「有里ちゃん、ちょっと髪なおしてあげるね」

って、その場でセットしてくれたり。

私やトモちゃん、アケちゃんの「若手3人組」がキャッキャと笑いながら話してると、

「なによ、なに？」って入ってきて、一緒に笑ってくださる。ぜんぜんエラそうじゃな

いんですね。

どんな仕事場も、先輩が後輩に歩み寄ってくださると、とても人間関係がスムーズになるでしょ。ロザンナさんは、そんなにご本人は意識してなくても、自然にそれが出来る方なんです。

気が付いたら、「ね、そうよね?」なんて私がタメ口になっちゃっても、ニコニコして話に乗ってくださって・・・。

亡くなった葛城ユキさんも、先輩なのにぜんぜん偉ぶらなかった方。楽屋で、みんなのドレスを着比べて、ファッションショー始めちゃったり。写真撮って、楽屋のメンバー巻き込んでワイワイ楽しんじゃう。『ボヘミアン』のイメージとはちょっと違うんです。

そして、いつもまわりに気を配ってた方。ロザンナさんが参加したばかりで、まだ個室楽屋だった頃に、「こっちに来ませんか?」ってみんながいる方の楽屋に誘ったのがユキさん。「あれで、私もこのグループの一員になれた」って、ロザンナさんも感謝されてました。時折、私が社長と言い合いになったりして、落ち込んだりしていると、背中をポンと叩いて、「大丈夫!　元気出しなよ」と声をかけてくれたのもユキさん。

なんていうか、「ロッカーなのに気配りの人」なんです。見習うべきステキな方でした。

葛城ユキさん、リリーズの真由美さんと、次々と亡くなられて、寂しいですよね。ずっと「夢スター」では、ツアーでご一緒した「お仲間」ですし。リリーズの奈緒美さんは、気丈に笑顔で、一人でのステージ頑張られています。

このツアーでまたまたお世話になっているのがあべ静江さん。私が春組の司会で、あべさんが秋組の司会なので、おなじ「司会楽屋」になることもあって、とても仲良くして頂いています。

以前、ツアーの最中、ちょっとした事故が起きたんです。私、司会のために舞台袖にいて、そこに大きな姿見がおかれていたんだけど、少し歩くのに邪魔だな、と軽く片手でどかそうとしたら、倒れて私の足に落ちちゃった。みるみる足に血がにじんできて、痛くてしょうがない。それでも司会なので、何度か舞台に出なくてはいけないんです。氷嚢があったりすればいいいんだけど、と思っていたら、あべさん、

「私、氷嚢、もってるよ」

って。驚きました。あべさん、氷嚢を大中小と3種類も常備されていたんです。氷嚢だけじゃありません。肩こり用の湿布薬から、バンソーコー、目薬、リップクリームといろいろ揃ってて、「ひとりドラッグストアー」みたい～。あべさんはこれまで、転倒

されたり、肩を脱臼されたりもしているので、準備万端。

あべさんだけじゃなくて、あべさんのスタッフさんも優しいんです。私が一人で自分のことをやっているのを見かねて、わざわざ私の分のうがい薬を準備してくれたり、片づけを手伝ってくれたり。

あべさんは先輩なので、楽屋でも気に入った席に座るのは当然なのに、必ず、

「有里ちゃん、ここ、使わせてもらうね」

って声をかけてくださって・・・。ちょっとしたことかもしれませんが、そういうのもありがたいですよね。

しばらく楽屋が別々で、また司会楽屋で一緒になったりしたら、

「有里ちゃんと一緒じゃないと寂しかったわ」

って。もう、あべさんのかわいさにほれぼれです。

おりもさんにも「仲間」として接して頂けるのが嬉しい！

おりも政夫さんは、今でこそ「夢スター」の春組で一緒に司会をさせて頂いてるんで

すが、私が小学校、中学校の頃に、もうフォーリーブスでバリバリのトップアイドルグループだった方ですからね。そんな方と同じステージに立てるのが、今でも信じられないくらいです。

この前、沖縄のツアーの時、オフ日に「夢スター」メンバーの人たちからゴルフに誘って頂いたんです。そしたら、

「動画撮っとくと、あとで見れば、ゴルフ上達できるよ」

っておりもさん、4ホールくらいかな、私のショットを撮影してくださったんです。緊張しましたよ。あの「フォーリーブスのおりもさん」が、仕事でもないのに、わざわざ私の動画撮ってくださったんですから。「あ、仲間として扱ってくださってるのかも」と実感できたんですね。

ステージでも、そうなんです。最近、構成が変わって、私は社長と一緒のコーナーに出るのみで、おりもさんや皆さんとは別々の出番になったんです。そうしたら、おりもさん、

「保科、ぼくの出番、ちゃんと見ててくれよ」

声かけて頂いて、終わった後は、「どうだった？」って。「あ、私を一員として認めてくださっているんだ」と、また嬉しくなっちゃいました。

おりもさんには、そういう喜びを頂けますね。

「夢スター」の男性陣の中で、韓国の歌手・ＺＥＲＯさんは一番の若手。

実は夢グループの「カラオケ一番」は工場が韓国で、石田社長も、その工場の社長さんとは付き合いが長いんです。

韓国とのつながりで、石田社長は、なんとソウルの韓国ヒルトンホテルで私のディナーショーを開いてくれました。大きな看板も作ってもらって、私はチマチョゴリも着ました。

ただ、韓国語はうまく話せません。そこで手助けしてくれたのがＺＥＲＯさん。ゲストとして歌も披露してくれただけでなく、通訳として、ショーの進行もやってくれました。

このディナーショーにはウチの母も一緒に行ったのですが、ＺＥＲＯさんは、段差のある所では母の手をひいてくれたり、とても母を大事にしてくれました。母も「いいコだねぇ」とすっかりファンになっちゃったくらい。

私はマネージャーも付き人もいないでしょ。ツアーでいつも荷物は自分で持って移動するところを、「手伝います」と手を貸してくれるのは、毎回、ＺＥＲＯさん。韓国人男性はやさしいんですかね。私の方が年上だから、というのもあるのかな。韓国は年上の人を敬う気持ちが強い国らしいから。

韓国のヒルトンホテルに大きな看板が！

韓国ヒルトンでのディナーショーのロビー

かつて、私が憧れたスターたちとも今は共演！

春組でオシャレな二人といったら、これはもうチェリッシュさん。悦子さんは、歌声もそうなんですけど、普段も、あのカワイイ声で「おはよう〜」ってご挨拶されます。それだけで癒されちゃうんです。ご主人の松崎さんもまた、オシャレな方です。

「夢スター」のメンバーで、名古屋にあるご自宅にうかがったことがあるんです。まあ、お家もステキなら、衣装も、靴も、バックも、アクセサリーもみんなブランド品をさりげなくもってらっしゃって、憧れのお二人です。

黒沢年雄さんも、ダンディーでスタイルも変わらず、時折のジョークはちょっとブラック。楽しい方です。

秋組の西口久美子さんは、楽屋によく野菜を切って持ってきてくれます。キューリ野菜スティックやニンジンを切ってくれたり、サラダにしてくれたり。皆さん、「野菜不足」を気にしてるので、とてもありがたい。新聞のチラシでゴミを入れる箱を作って、皆さんに配ったりもされます。「夢スター」のチームワークのよさは、こういうところにもあるんですね。

伊藤咲子さんは飲むと、とても陽気になる方。ハートのグッズが大好きで、指輪も髪飾りもみんな♡なんです。かわいいドレス・・・私も着たい！

いつも優しく若々しい尾藤イサオさん、少年のようにいたずらっ子の江木俊夫さん、いつもダンディな元ガロの大野さん、ずっとアイドルスタイルが変わらないあいざき進也さん、リズム感抜群の元フィンガー5の晃さん。

そして、あいざきさんも、会うと、

「CMよく出てるね。楽しいね」

って。釣りが大好きで、ツアーのオフ日には、よく石田社長と釣りに行かれてるんです。社長は、食べるのも釣るのも「魚」ばっかり。

地方にツアーに行くと、あわただしい移動の間には、メンバーの人たちとゴルフや釣りに行ったり、グルメを楽しんだり。気の合ったお友達と行く「観光旅行」みたいになっちゃう時もあります。

出演者のどなたにとっても、「夢スター」はお楽しみがいっぱいのイベントになっているんじゃないかな。

保科有里を語る

○橋幸夫

言わずと知れた国民的大歌手。1960年に『潮来笠』でデビューして以降、日本の歌謡界をリードし続けて来た。2023年、ラストツアーをもって歌手活動を引退。そのラストツアーには、ずっと保科有里も帯同し、デュエットもしている。

彼女を生かせる企画、私が手掛けてみようか！

ツアーが終わるまでの1年間は、ずっと一緒に回ってたからね。ウチの妻とも仲よくなって、友達みたいな感じですよ。石田社長を含めて、みんなでよく食事もしました。

彼女は歌も抜群にうまい。そうじゃなきゃ、ずっと一緒にデュエットはやってもらわないよ。けど、それだけじゃなくて、いろいろな知識も豊富だし、冷静な判断も出来る。あんまりタレントらしい感じじゃないよね。

だから、社長にもズケズケ言えるんだな。

「社長、そういう言い方はまずいでしょ」「それを言うとよくないと思います」

こんなこと、平気で言うもんね。それで「デキてるんじゃないか」って誤解されちゃう。

本人は、サバサバしてて、色気はないし、男の人との噂もほとんど聞いたことない。石田社長のことも「男性としては苦手なタイプです」ってはっきり言ってる。だから言いたいことが言える。

ショーの構成でも、社長が考えてきたものに、

「しゃべるだけじゃなく、もっと歌う場所が欲しいです」

って直訴してたり。

彼女の歌への愛着は強いです。特に昔、お世話になった恩師の歌については、たとえようもなく強い。

「ヒット曲がない」って本人が悩んでいる部分については、仕方のないところはあるよね。時

代性っていうか、今はテレビでも歌番組はほとんどないし、ヒットを出すのは並大抵じゃない。

社長とのデュエット曲については、お客さんは、まあ、社長がヘタなのは分かった上で面白がってるからいいのかもしれないけど、社長が歌いたいからって、彼女が付き合わされた感じかな。ちょっと気の毒。もう、どうせデュエットやるなら、もっと「愛人キャラ」を生かしたお笑い系の歌に振り切った方が良かったのかもしれない。それと、そういうキャラクターとは関係のない、彼女の正統派の歌とをAB面でやっていくとか。

今はキャラクターソングじゃなきゃ、マスコミも乗ってこない。テレビで取り上げてもらうためにはやむを得ない。ただね、彼女が一生懸命、歌に取り組んでいるのも知ってもらいたいんですよ。

昔は、松尾和子さんでも青江三奈さんでも、大人の歌をしっとりと歌う「クラブ歌手」と呼ばれる人たちがたくさんいた。最近はめっきり見かけなくなっているけど、有里はその流れを受け継いでいける歌い手なんですよ。ちょっと遅かったが、まだチャンスはある。

でも、残念ながら、今のレコード会社では、彼女を生かせる企画を手掛けるディクターもプロデューサーもいない。

なんなら、私がやってみようか。

橋幸夫さんとともに

保科有里を語る

○東てる美

『おしん』『渡る世間は鬼ばかり』などで知られる、日本を代表する女優のひとり。保科有里とは、保科のデビュー直後からの知りあいで、しょっちゅう自宅に呼んで、一緒に食事をするほどの仲。

有里ちゃんには領収書の整理までしてもらった仲

出会ったのはラジオ番組です。私がラジオ関東（現・ラジオ日本）でパーソナリティをやっていて、有里ちゃんがゲストで来たんです。まだデビューして2枚目のシングル『NE―KO』のプロモーションでした。シャンソンぽくて、語りかけるような大人の曲で、いっぺんに気に入っちゃいました。

六本木でコンサートやるのを聞いて、思わず行ってしまったくらい。ラジオ番組にはそれまで様々なゲストの方に出てもらいましたが、そこまでしたのは有里ちゃんが最初。それくらい気に入ってしまったんですね。コンサートもとてもよかった。もう30年前のことです。

家がそう遠くないところに住んでいたのがわかって、たちまち一緒に食事をしたりする関係になったんです。

ゴルフもよくやりましたね。金沢にも一緒に行きました。ワシントンホテルのディナーショーももちろん行っています。

私が今いる家に引っ越した後も、彼女も「てる美さんの近くがいい」って、歩いて3～4分のところに越してきたくらい。ほとんど毎日のように会ってましたね。

彼女が『グッバイ・ソウル』を出した時も、なんとかヒットしたらいいな、と思って、広尾のカラオケスナックで、知り合いの方々がいる前で披露しようとしたんです。歌えば、少しでも広がるでしょ。でも、私、メロディーをちゃんと覚えられなくて、電話かけて、電話口で有里ちゃん本人に歌ってもらって、それに合わせて歌ったりもしました。

俳優同士は、所詮、ライバルじゃないですか。でも彼女は住む世界が別だからこそ、心許せるのかな。それにあの人、一見、やる気なさそうにポヨーンとしてるくせに、実は事務能力がスゴいんです。おかげで、一時期、2月の確定申告の前なんか、有里ちゃんに領収書の整理やってもらったりしてました。私はそういうの大の苦手で。「これは有里ちゃんに任せておけば安心」って頼り切ってましたね。

２０１０年にウチの母が亡くなる前でも、病院を手配してくれたのも、入院中に母の聴きそうなカセットを用意してくれたのも、みんな彼女。

そりゃ、プライベートな話もいっぱいしましたよ。

たぶん彼女だって、結婚して子供が欲しかった時期もあったと思う。でも、男の人とは「恋人」や「夫婦」よりも、母親になっちゃうタイプ。相手に尽くして、悩んだ末に結局別れちゃう。付き合う相手が、年下とか、頼りなさそうとか、だいたいそうなんです。もう、石田社長とはぜんぜん違う。だから「愛人疑惑」が騒がれた時も「あるわけないじゃん！」と笑っちゃいました。

ファッションについては頑固。いつもロングスカートで髪もロング。私が「髪はあげた方がいい」ってアドバイスしても、絶対変えない。アンニュイで、「オジサンとかに、この女はオチやすい、と錯覚されそうだから、やめたら」って言っても、やめない。

私のライブに東てる美さんがゲストで

石田社長には、何度も「有里ちゃんのことはお願い」と頼んでる

私、石田社長とはそんなに親しくはなかったんです。ただ10年くらい前かな、私が若い人たちとやってる『Kiss Me You ～がんばったシンプー達へ～』という戦争をテーマにしたお芝居を上演した時に見に来てくれて。

「芝居って、こんなにいいものなのか」

と喜んでくれてから、仲良しになったんです。だから社長には、ずっと「有里ちゃんのことはお願いしますよ」と言い続けてる。

夢グループとの関係でいえば、私も一度、大きなトラブルを味わっているんですね。社長がプロデュースするお芝居に出演する予定が、本番数日前に、主演の俳優さんの意向もあって、突然降板させられてしまったり。悔しくてたまらなかったけど、いくら社長にぶつけたって仕方ない。それより、同じお芝居に出る予定の有里ちゃんが心配でした。彼女も、その俳優さんには、「ヒット曲もないくせに」といろいろイジメられてたみたいだから。

社長は私に「ギャラだけは払う」と謝って来たけど、

「おカネはいいから、有里ちゃんは守ってね」

「わかった」って答えてくれて、実際に守り切ってくれたみたい。

社長のちょっと困るところは、裏方でいるはずなのに、自分が出たくなっちゃうことね。

この前のデュエット曲なんて、自分が歌いたいのに有里ちゃんを利用したみたいな。最近、やたらと有里ちゃんに頼り過ぎてるかな。でも、決して「使い捨て」はしない人だ、っていうのはわかってる。必ず最後まで面倒見て「退職金をくれる人」。

ＣＭでこれだけ認知度が上がったのも、社長のおかげなのは確かだし。本人も、社長には感謝してると思いますよ。今の時代は、かつて紅白に出た歌い手さんだってなかなか仕事がないのに、有里ちゃん、やたら忙しいですもん。彼女から、ちょくちょく、ラインが来るんだけど、だいたい地方を回っていて、「社長とお食事中」で、超豪華なお刺身の船盛りの写真が送られてきたりするの。実は社長が魚料理が大好きで、有里ちゃんは本当はお肉の方が好きなのに、社長と一緒の時はお魚ばっかり。それで、「もう、魚の顔も見たくない」なんてコボしてきたり。落ち着いて衣装の整理をする暇もないみたいで、部屋も衣装で溢れていて居場所がないくらい。

もうここまで来たら、社長についていくしかないですよね。ヒット曲が出るかどうかも「運」。秋元順子さんみたいなこともあるし、諦めずにやり続けるしかないんじゃないかかな。

保科有里を語る

○桑江知子　石井明美

【桑江知子】　1979年、『私のハートはストップモーション』で第21回日本レコード大賞最優秀新人賞を獲得。保科有里とは、20年以上前、かつて同じ小澤音楽事務所に所属した時からの知り合い。「夢スター」の「春組」仲間として、石井明美も含めて、3人でしばしば「女子会」を開いている。

【石井明美】　1986年、『CHA－CHA－CHA』が大ヒット。オリコン年間シングルチャート1位になる。保科有里とは7～8年前、「夢スター」で知りあって以来だが、「春組」で急接近して、桑江知子も含め、「無二の親友」になる。

「夢スター」は歌い手だけじゃなくて、マネージャー同士も仲がいい！

桑江　私たち三人が、気を使わない間柄なのは確かかね。

石井　呼び名も「有里ちゃん」「トモちゃん」「アケちゃん」だもん。あ、有里ちゃんには「ちゃんゆり」って言ったりもするか。

桑江　同じ「夢スター」でも、ロザンナさんみたいな先輩にはちょっと遠慮はあるけどね。だいたい有里ちゃんが「ご飯、しよう」とか誘ってくる。

石井　でも、有里ちゃん、最近は橋幸夫さんのツアーや細川たかしさんのツアーに社長と一緒に行ってたりするんで、会うのは有里ちゃんのスケジュールに合わせて決めることが多いよね。

桑江　ただ、会うのはいつも私かアケちゃんの家。有里ちゃんは自分の家に入れてくれない。

石井　「ウチは片づけてないからダメ！」って。

桑江　会ったら、必ずお食事。

石井　とにかく肉ね。焼き鳥でも焼き肉でも肉中心。いつも社長と一緒だけど、社長は魚料理ばかりで肉食べないでしょ。だから、もう私たちと一緒の時は肉。

桑江　お酒はあんまり飲まないよね。

石井　でも、この前、ミニだけどシャンパン2本あけたりしたじゃない。飲む時は飲むよ。いつもは午後の3時か4時に集まって、夜9時か10時には解散。メンバーはいつもこの三人。

桑江　旅先でも、次の日がゆっくりだったら、部屋飲みもある。でも、有里ちゃんは社長の都合でスケジュールが変わったりするから。急に「きょうは社長と別行動だから、部屋飲みしよう」なんて言ってくることも良くあるね。

石井　そんな時は、思い切り社長に対するグチ言ってストレス発散したり。

桑江　話す内容は、ファッションのこととか、メイクやヘアスタイルのこととか、よくある「女子会トーク」。

石井　三人とも年も近くて、目線が同じなんで気が楽なのよね。なかなか他にはいないよね、こういうお友達。

桑江　「夢スター」の、特に「春組」の人たちって、不思議なくらいに仲がいい。

石井　移動が激しいスケジュールでしょ。同じ日の昼と夜で会場が違ったり。だから、いつの間にか楽屋が「憩いの場」になっちゃってる。長く芸能界にいて、楽屋が楽しいってなかなかないよね。奇蹟に近いメンバーじゃないかな。

桑江　お芝居の世界は1～2カ月一緒で結束も強くなるけど、歌い手は普段は一人で孤独でしょ。だから「夢スター」みたいなのは珍しい。

石井　有里ちゃんは司会者なんで、よく楽屋が別になったりもする。離れるのさびしくて、こっちの楽屋にご飯食べにくる。女子楽屋のまとめ役はロザンナさんと、この前亡くなった葛城ユキさんだったね。

桑江　だから、私たちなんかは、まだ「若手」(笑)。

石井　でもロザンナさんもユキさんも先輩風ふかすようなタイプじゃないから。有里ちゃんが同じ楽屋だと、「司会者は着替えが多いから」ってわざわざ出入りしやすい席をあけてくれたりね。

桑江　「夢スター」が好きだし、続けたい気持ちをみんな持ってる。

石井　付いているマネージャーの人たちもそう。マネージャー同士も仲良しだし、私達とも仲良し。有里ちゃんはマネージャーいないでしょ。でも、気楽にトモちゃんのマネージャーさんに「お茶ちょうだい」って頼んだりする。誰かがやってくれる。全体がチームになってる。

桑江　でも一応、有里ちゃんのマネージャーは石田社長なんじゃない？

石井　社長に頼んだって、ドレスのファスナーもあげられないわよ。ファスナー、からんじゃう（笑）。

3人でキャンディーズ歌うっていうのもアリかも・・・

桑江　とはいっても、社長はエラい。「ぼくは保科有里を売る」って決めてから、ずっと有里ちゃんに張り付いてる。とにかく気さくな方で、私たちにもマネージャーやスタッフの人たちにも、分け隔てなく、気楽に話しかけてくる。

石井　突然、楽屋に入ってきて、「いいアイデアが浮かんだ。どう思います？」ってみんなに聞いたりすることもあるよ。

桑江　よく有里ちゃんとケンカもしていて、それでかえって夫婦か愛人みたいに見えちゃう。ケンカしてる時の雰囲気は露骨にわかって、社長がハラを立てて、有里

石井明美さん、桑江知子さん、ロザンナさんと一緒に

ちゃんが「トモちゃん、なんとかして」って泣きついてきたりもあった。

石井　逆もあるよね。有里ちゃんが不機嫌で、社長が困ってたり。

桑江　家族といるより二人でいる方が長いんだもん。それは、社長と離れて私たちとグチも言い合いたいでしょ。

石井　有里ちゃんは、もう何でも出来ちゃう人だから社長が頼りにしすぎてるところもあるね。チケットとったり、お客様に連絡したり、みんなできちゃう。

桑江　金沢のＯＬ時代もあって、事務能力もあるのよ。

石井　旅先でも、社長、自分が知りあいからもらったお菓子を彼女に渡して、「キミ、あずかっといて」なんてやっちゃう。「何で私のスーツケースに社長のお菓子入れなきゃなんないのよ」って本人はボヤいてるけど、ちゃんと入れるスペース作って収納しちゃう。

桑江　社長にとっては、「便利な存在」かもね。秘書と同じだから。ただ、羨ましくもありますよ。自分からマネージャーとして付いて行って、「保科有里を売る」の一念で動いてるんだから。

石井　二人三脚だもんね。

桑江　私たちには、「自分はヒット曲がない」とは、よく口に出して言う。気にはしてるんだな、とは感じる。

石井　本当は彼女のディナーショーやコンサートに足を運んだら、その価値がわかるのよね。歌もうまいし、ＭＣやステージングもうまい。

桑江　でも、今の出方も悪くないよ。たとえＣＭという形であっても、いろいろな人に知られるのはとても大事。社長と一緒の行動が多くて、スケジュールも厳しいし、寝不足だったりもするかもしれないけど、やりがいはあると思う。

石井　バラエティ番組に出るのも、ヒット曲を出すための「種まき」になるのはわかってるから、本人も絶対手は抜かない。ただ、テレビでも、キャラクター押しだけじゃなく、ワンコーラスでも有里ちゃんが歌う場があればいいんだけど。有里ちゃんのライブに私たちが出たり、逆に出てもらったりは絶対あり。実際、去年、私のクリスマスディナーショーには有里ちゃんに出てもらった。

桑江　夢コンサートの企画の中でも、「3人でキャンディーズの歌を歌おうか」なんてアイデアは出てる。

石井　3人ともノリノリなんで、実現するかも（笑）。

歌の宝石箱

星になった名曲たち

1. 神無月に抱かれて
2. さすらい譜
3. NE-KO
4. バスストップ2
5. グッバイ・ソウル
6. 想い出ワルツ
7. ラブ・バラード
8. 素直になれなくて
9. さくらの花よ泣きなさい
10. 愁止符～ピリオド～
11. 赤い爪
12. 元気と勇気と微笑みと
13. 5グラムの指輪
14. 永遠に…

ベストアルバム

第五章

ヒット曲もない私が、30年以上、歌手として歌い続ける「奇跡」が起きた11の「理由（わけ）」

「夢スター」のステージに立っていて、ときどきフッととっても不思議な気分になったりします。もう10年以上体験してきているのに、今でも、

「あれ、なんで私はこんなところに立っているんだろう？」

って。まわりを見ると、右も左も、前も後ろも、誰もが知っているヒット曲を持つスターの方々。その仲間に入れてもらっている。

そして何よりの不思議は、もう30年以上も歌手としていられること。「奇跡」としか言いようがありません。普通なら、とっくに諦めて故郷・金沢に帰っているはずです。ちょっと考えてみたんです、なぜこの「奇跡」が起きたのか。私なりに、「これがその理由（わけ）かもしれない」ことをいくつか、まとめてみました。見当はずれなんじゃないの、とか、カッコつけすぎなんじゃないの、とか思われる方もいらっしゃるかもしれませんが、これは決してウソや偽りのない素直な気持ちです。

その1

「40歳を過ぎてからが、本当にいい歌を歌える」という恩師の教えを心に刻んできた。

私が、恩師でもある作曲家の先生に「上京してみたら」と誘われたのは、もう26歳の頃でした。遅すぎますよね。当時、アイドルの方なら10代半ばくらいでデビューするのが当たり前だったし、演歌の世界でもだいたい20代前半にはデビューしてました。

今の言葉でもう「アラサー」。常識では、とても冒険に踏み出せる年ではなかったのです。そこを後押ししてくれたのが、恩師の言葉、

「いい歌を歌えるようになるのは40を過ぎてから」

だったのです。10代20代でも、上手には歌は歌える。テクニックは年齢関係なく身に付けられる。でも様々な経験をされた大人の方々に共感してもらい、曲を聴いて泣いたり、癒されたり、という歌を歌うには、人生で本当に泣く思いや、苦しみを超えた喜びを経験した人間でなくてはならない、と教えられたのです。

ちょうどタイミングもよかったんです。実家の商売の破産で、母と私がその借金をかかえていたのですが、ようやく整理が終わりかけて、自分のために動いても大丈夫かな、と思える頃でした。その2〜3年前なら、とても仕事をやめて上京するなんてあり得なかった。

その2
故郷には「歌手なんて、絶対ムリだよ」と言い続けた母と、ずっと母の面倒を見てくれた妹がいた。

もし、ウチの母が芸能界好きで、私を必死になって歌手やタレントにしたいと願っているタイプだったら、たぶん私は続いてなかったと思います。

母の過剰な期待を浴びて、上京するだけで、重いプレッシャーを背負ってしまうことになる。ヒット曲が出ないどころか、デビュー曲を出すまでの間に焦ってツブれていたかもしれません。上京してからデビューまで、私は3年かかっています。

「無理しちゃだめだよ。ダメだったらすぐ帰っておいで」

母がそう言ってくれたからこそ、その3年間を乗り切れたのです。

その後もずっとそうでした。「うまくいく方が奇跡だから」とあらかじめ覚悟が出来ていれば、少しでもいいことがあったら、「よしよし、ここまでやれたら上出来」と喜べる。そうやって、ずっとやってきたのです。

母は「ボロは着てても心は錦」の人で、他人に媚びたり甘えたりするくらいなら、どんなに貧しくても、自分の力で生きていく、という考えの人。そこも私は影響されてるのかもしれません。道は自分が切り開くしかない、とずっと信じていました。

その「いさぎよさ」が気に入られて、私のまわりにも母のファンは多いんです。以前、母とお会いいさせて頂いた平浩二さんの奥様も、「有里さんのお母さんはカッコいい」って、ホメてくださいました。

妹にも感謝しています。彼女が母の面倒を見てくれ、結婚しても、家を建てて母を引き取ってくれてたからこそ、安心して私が東京で好きな道を歩き続けられたのです。

母だけじゃありません。別に暮らしていた父の面倒も妹は見てくれて、死ぬ少し前に施設に入れる時も、結局、妹がいろいろと動いてくれました。

二人姉妹で苦しくても一緒に乗り超えて来たのですから、私は妹には「戦友」みたいな気持ちもあります。

月に一度、妹の家に泊まりますが、「お姉ちゃん、お肉ね」「お風呂わかしてあるよ」等々、優しい妹に感謝です。私の妹で生まれてきてくれてありがとう‼

故郷には母と妹がいる、これ以上力強いバックアップはないですよね。

その3
デビュー以来、30年続く地元のラジオ番組があった！

地方から上京してくる方の中には、

「一度故郷を離れたら、もう二度と帰らないくらいのつもりで死力を尽くす。それでなくては、都会の厳しい生存競争に勝てない」

と考えている方もいるでしょう。

でも私は違っていて、たとえ東京に住んでいても、機会があれば、ちょくちょく地元に帰りたい。母も妹もいるんですから。やっぱり一番リラックスできる場所。

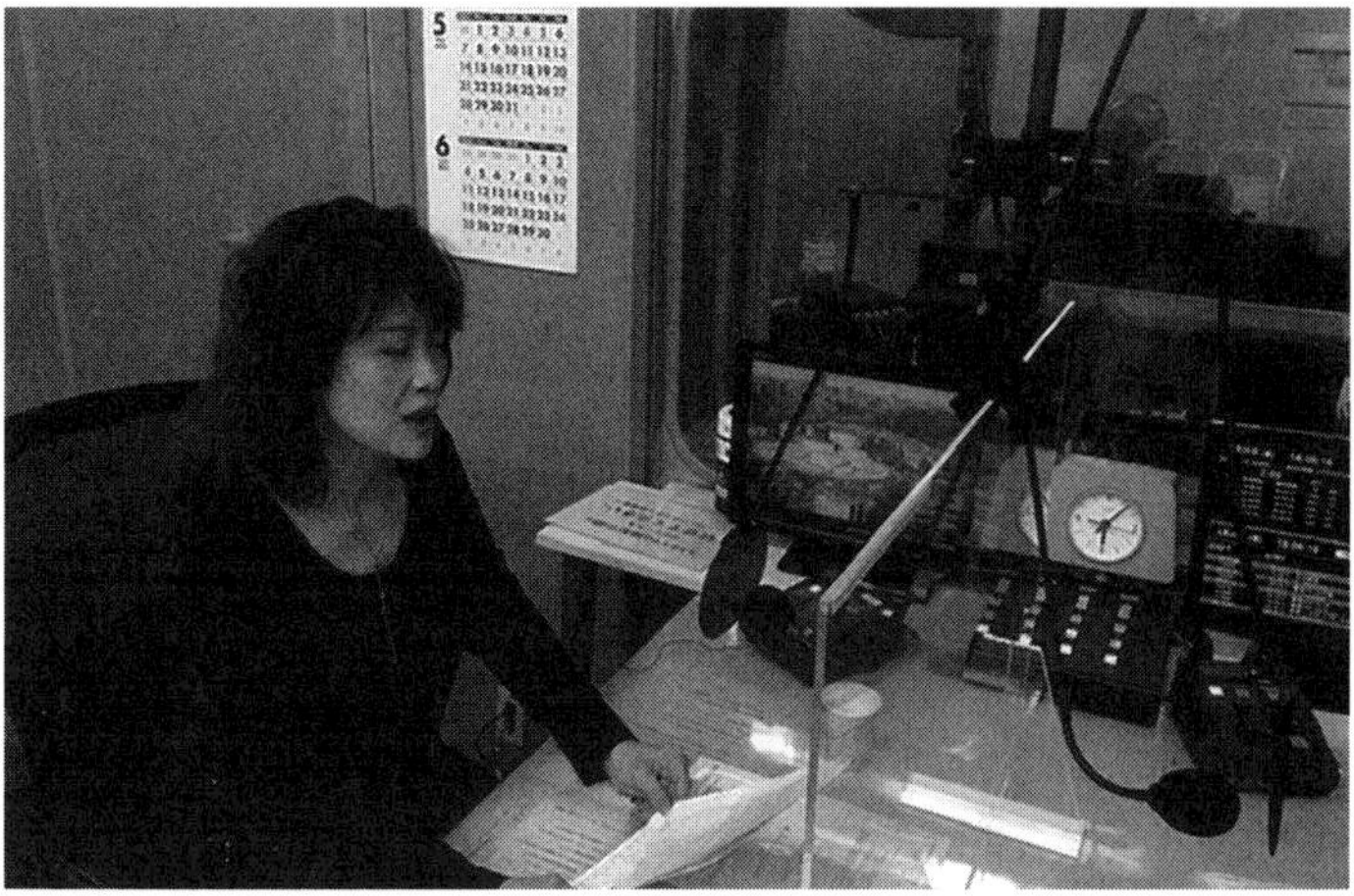

MROラジオでの録音風景

おかげ様でデビュー以来ずっとやらせて頂いているのが、北陸放送（MROラジオ）の『保科有里の歌に恋して』。日曜午前11時からの30分番組で、私自身の近況を語りつつ、曲も流します。その番組録音のために3週間に一度は地元に帰るのが、私のルーティーン。

なんと、担当ディレクターの沖和也さんによれば、

「MROラジオの中でも2番目の長寿番組」

とか。ありがたいですよね。この番組があったおかげで、東京でたまったストレスやつらいことも、地元に帰って金沢弁でたくさんおしゃべりして、リフレッシュできるのです。

番組を通して地元の皆さんの声も聞こえてきますし。このラジオ番組も30年やり続けられ

た理由のひとつだと思います。

放送台本を書く作家さんも、いません。原稿書くのは私です。ゲストも、私が直接お願いして出てもらったり。橋幸夫さんのインタビューも番組の中でさせて頂きました。石巻の奥田さんのような、芸能人ではない方にも、来て、しゃべってもらったりもします。自由がきくんです。

故郷との間に、こういうつながりがあったのが、どれほど心強かったか。

その4 もうダメ、と諦めかけた時に、いつも「一人だけ」味方が登場した。

これも巡りあわせなんでしょうね。「もうダメだ。金沢に帰るしかない」と諦めかけていたところで、必ず業界内部から「助け舟」が来たんです。しかも助けてくれる方は、たくさんではなくて、なぜか一人。

恩師の先生は、私にデビュー曲になる楽曲だけは用意してくれましたが、積極的にデビューのためには動いてはくれませんでした。

「ぼくは政治力は使わない。この楽曲をレコード会社が受け入れてくれなければ、金沢に帰りなさい」

はっきり言われました。つまりキミが歌う歌の力でレコード会社を見つけなさい、なんですね。どうしたらいいのか、途方に暮れていたら、声をかけてくださったのが恩師のお友達の作詞家の方でした。その先生は、ずっと私が恩師の方についていた弟子としての働きを見ていて、

「歌もしっかりしているし、弟子として、真面目にコツコツやってる」

と評価してくださっていたんです。

私、恩師の車の運転から、お宅の掃除から、みんなやっていましたから。それで紹介して頂いたのがソニーレコード。

でもデビューしたはいいけど、売れませんでした。プロダクションからも所属の声がかかりません。そこでまた助けて頂いたのが、やはり恩師とはお友達の、有名な作詞家の方。

「保科くんは、よくやってるのに、なかなかチャンスがこないから」

と、小澤音楽事務所を紹介してくださったのです。菅原洋一さんや伊東ゆかりさんをはじめ、「大人の歌」を歌えるアーティストがいらっしゃるところとして、よく知られていました。そのおかげで、事務所を通してホテルパシフィックのラウンジでの月1回のステージも始められました。

ただ、やっぱりCDは売れない。今度こそもうムリかなと考えていたところに、ソニーのディレクターの方から、

「平成版の、女性歌手による『バス・ストップ』を作りたいんで、歌ってよ」

とオファーがきたんです。

その後もいろいろな出会いがありましたが、やはり石田社長との出会いは私の最も重要な出会いでした。もうデビューして15年たっていました。「よくここまでやれた。今度こそもうおしまいかな」と思った時、私を会社に受け入れてくれました。

手を差し伸べてくれる方がゼロになったら、これはもう終わりです。「プロ歌手」を諦めるしかない。ところが、私の場合は、諦めかけたところに必ず「一人だけ」の味方があらわれたのです。

これも「奇跡」なんでしょうか。

その5
10年以上、ホテルパシフィックのラウンジの仕事が続いた。

小澤音楽事務所を通して入ったホテルパシフィックのラウンジの仕事が続いたのも、私にとっては大きな支えになっていました。はじまったのが1996年頃。終わったのは東日本大震災の前の年だから2010年。要するに14年は続いたことになります。

これは私にとっての「拠り所」になりました。いくら「歌手」だと自称しても、仕事もなくて歌う場所もなかったら、「歌手」じゃないでしょ。皆さんの前で歌を歌える喜びは何事にもかえられません。月1回、45分のステージが3回でした。

バックにバンドがついて、しかも選曲も構成も私に任せて頂いて、いろいろな歌にチャレンジできる。ジャズ、シャンソン、ポップス、何でもやれるんです。

常連さんもたくさんいらっしゃって、100くらいの客席は、ほぼ満席になりました。自然に人脈も広がって、ここで私の歌を聴いて頂いたのをキッカケに、その後の私のソロライブにも来て頂くようになった方はたくさんいらっしゃいます。石田社長とも、このショーがなければ出会えませんでした。

振り返ってみるとデビューして5年目あたりから10数年が一番キビシい時期だったんです。デビューしてしばらくは、世の中に出た勢いで突っ走れるんです。でも、5年をすぎたくらいには失速していって、何か新しいエネルギーがないと走り続けられないんですね。パシフィックのショーはそのエネルギー源になってくれましたし、私のジャンルの幅も広げることができた忘れられない場所です。

その6 カラオケの先生をやって、逆にたくさん教えられた。

人にものを教えると、逆に教えられることが多い、ってよく言いますね。それは私も身をもって感じました。

夢グループに入れて頂く少し前くらいでしょう。私は所属事務所もなくなって収入も減り、もう金沢に帰るしかないか、という危機の時期が来たのです。でも、地元でも母は妹家族と暮らしているし、まさか私がそこに転がり込むわけにはいかないし、どうしようもない八方ふさがりでした。

それを救ってくれたのが「カラオケ」でしたね。カラオケ・ブームといっていいくらい、皆さん、一生懸命歌うようになっていました。特に中高年の女性の間で愛好者が広がっていたんです。そうなれば「プロの歌手にコーチ」をしてもらいたい方も当然増えます。

それで私も知りあいの紹介で生徒さんに集まって頂き、レッスンをするようになったんです。ちょうど2002年に出した『ラブ・バラード』というジャズ風の曲が、カラオケ愛好者の中で少しだけ話題になり、歌って頂く方がそれなりにいたのもありました。どうせ歌うなら、歌った本人に教わろう、というわけですね。

場所はカラオケ喫茶やカラオケボックスや、まちまちです。ほぼ月1回。3～4カ所でやっていたかな。どこでも1グループに4～5人くらい集まって頂いて、個人レッスンをやりながら、人の歌も聴いてもらうのです。自分で歌う以上に、人の歌を聴いて頂くのは客観的にどこか良くてどこが悪いかがわかり、変化もわかるので勉強になります。

だいたいは60代、70代くらいの高齢女性。私が心がけたのは、どうすれば「上手に」歌うかではなくて、「ステキに」歌えるようになるか。

その年の方に、いきなりヴィブラートだ、ファルセットだ。って技術的なことを求めても仕方ないでしょ。それよりも人生経験に裏打ちされた感性や感情をどううまく歌に込められるかの方が大切なんです。皆さん、そんな話をすればすぐに理解してくれます。興味深かったですね。歌を聴くだけで、その方がどんな人生を歩んできたかが何となくわかる。まだまだその年代ですと、ずっと家庭にしばられて、ご主人の言うがままに生きて来た方とかもいらっしゃいました。そうすると、歌まで、狭い殻にしばられて聴こえるんですね。だから私、よくアドバイスしました。

「歌を歌う時は、もうご主人やご家族のことは忘れて。まだご自分が、女子高生だった頃、独身生活をおう歌していた若い頃に戻ってください。またそこで出会った素敵な男性を思い出して」

いえ、ご主人でもいいんです。だったら新婚時代の、心躍った時期を思い出せばいい。ラブラブの時なら、話し声は、「息」でしゃべるでしょ。同じ「おかえりなさい」でも、どこか余韻があるように。でもそれが20年30年になると、優しく息を吐くのを忘れ、つっけんどんで義務的な「おかえりなさい」になっちゃう。それが歌にも出ちゃう。

歌を歌う時ぐらいは、ラブラブで、すてきなカワイイ女性に戻ってほしい、って教えるんです。だって誰でも女性はいつまでもかわいくいたいんですもの。私も、歌う時は「女性」になってしまいます。終わったら「日常」に戻ればいいんです。

けっこう厳しかったですよ。「もう1回」「もう1回」って。「うまい歌」ではなくて、「人の心に沁みる歌」や「共感できる歌」を歌った方がいいですもんね。私自身も歌いながらいつも探求していることです。

「ホメられたい」方は必ずいます。「うまいわねぇ」「聞きほれちゃう」、そう言われたくて私のところにもくる方。自分の歌い方こそ正しい、と頑なに信じているので、いくらアドバイスしても変わらない。そういう方はすぐやめていきます。

しっかりと他人の歌を聴く方は伸びる。別の方の歌を聴いてもらって、「ほら、この部分があなたと同じで、直した方がいい」と指摘すると、その場でわかって直るケースもある。

私のレッスンは、だいたい『ラブ・バラード』から教えるのが多かったですが、どうしても出だし部分、アピールしようと声を張ってしまう方が多かったんです。

「歌詞の『お願いよ、あと少し　このままでいさせて』は脅すのではなく、お願いしてるのよ」

って話をして歌ってもらったり。別の方の歌い方を聴いてもらったりすると、納得して頂けるんです。

私、自分が歌うより、人に教えるのが向いてるのかな、なんて思った時期もあったくらい。このまま東京でうまくいかなかったら、金沢で歌謡教室やろうかな、とか。

「歌はテクニックより心」なのは、レッスンで教えていながら、とても痛感しましたね。

その7 自分のためではなく、人の役に立つために歌おうと決めた。

歌っていくうちにわかってきたのは、うまく歌おうとしても長続きしないということでした。

デビューしたばかりは、無我夢中です。コンサートでも一人でも多くのお客様に来て頂いて、CDもたくさん売って、テレビにも出て、って。

でも、これみんな「自分のため」なんですよね。自分のために、人さまにムリを強いることだってあります。「コンサートやりますので来てください」ってお願いして、「またやんの？　しょうがない。チケット買ってあげるよ」は、「頼みに来たから、行ってあげるよ」でしょ。

こんなお客様ばかりだと長続きするわけがないですよね。スタートはやむを得ないとしても、5年10年とたっていけば、「買わされた」お客さんはもう来なくなっていきます。「人の役に立つ」歌っていうのは、聴いた方を幸せにしたり、心が癒されたり、励みになったり、そういうものですよね。

まず「ノド」だけで歌ったらいけない、と肝に銘じました。歌い手も、ある程度の経験を重ねると、ノドだけ使って、ウマく聴かせるテクニックは身についていくんですね。「自分はウマいんだよ」とアピールのために歌うんじゃないんです。その歌の世界に自分も入り込んで、その中にある背景や心の奥底まで伝えたい。そうしなくては、聴いてる方々を喜ばせたり、心を動かせることはないんですよね。

お客さんがいっぱいの大ホールなら全力を出すけど、お客さん4～5人のカラオケ喫茶では手を抜く、も絶対できません。

規模や人数で判断しているのは、結局、「自分のために歌っている」からなんです。

どこでも、そこにいる方のために歌うのなら、人数は関係ないはずです。私は『さくらの花よ　泣きなさい』という歌で、たった一人のためだけに歌うという喜びを知ることができました。この時は至上の喜びでしたね。歌わせて頂いている・・・忘れてはいけないことだと思っています。

自分のディナーショーの席の位置なども、とても気になります。せっかく同じ料金を払って頂いたのに、どうしても観にくい端の席にいって頂かなくてはならないことってあります。そういうお客様にもご満足頂かなくてはならない。それで、前もって、「申し訳ございません。端の席になってしまって」とお詫びの連絡をしたり、「自分は端でもいいよ」というお客様と席を変わって頂いたりする。これをみんな私自身がしてきました。時折、お声掛けを忘れてしまうこともありましたが、すぐお電話をしてお詫びします。

ちょっと疲れます。でも、疲れないと「プチごほうび」はやってこない。ラクしてたら「奇跡」は起こらないっていうのが自分の人生で学んだことですね。

その8
自分が「共感」できる歌を歌った。

これは、歌い手の方でも、人によって意見が違ってくるかもしれません。「プロの歌手」である限りは、どんな歌でもステージで歌いこなせるようでなくてはいけない、と考える方ももちろんいるでしょう。

でも、私はそうじゃなかったです。

同じ失恋の歌でも、切々と相手に対する未練や恨みを綴ったような曲もあれば、相手の幸せを願う歌もある。私はどうも「恨み節」は歌えない。

好きな男性に向けて、「私はどうなってもいいからとことん尽くします」とかそういうのも苦手。

共感できないからです。だってそれがもしかしたら相手に迷惑かけてしまうことになるかもしれないでしょ。どんなに悲しい歌でも、「私は大丈夫！」と笑顔で歌いたい。悲しみのさ中ですから悲しいに決まってます。それを微笑んで歌うと「あの人は乗り越えようとしてるんだ」って女性の方々から共感を頂けるんです。だから明日に向けて元気にならなきゃ・・・。いい女でいなきゃって気持ちで歌いたいですね。

実生活でも、私は、愛した思い出は大切にしても、未練や恨みをひきずらないように心がけてきました。

歌は、歌っている人間の「マインド」、生き方や人の愛し方が出る、と思っています。自分の思いに沿った歌を正直に歌っていると、またその歌に共感出来る人が集まってきてくださるんです。東てる美さんは、まさにそうでした。コンサートで、私は語りを入れつつのシャンソンを歌ったら、「サイコー！」ってホメて頂いて。それから30年近いお付き合いが続いています。数々の困難にもめげず、前向きに生きる女性の姿に共感して頂けたのかもしれません。

自立している女性、いろいろな苦労があっても、負けずに踏ん張って頑張っている女性がなぜか私のまわりには多いんです。共感の輪で結ばれているんですね。金沢一の繁華街・片町で長くお店をやられているママさんでも、「有里ちゃんの歌は、私に元気をくれるのよ」とずっと応援して頂いている方もいらっしゃいます。私はずっと女性の味方であり、応援者でありたいと思っています。

その9
意識するような「ライバル」がいなかった。

案外、これも長く続けられた理由かもしれない、とときどき考えるんですが、私、いわゆる「ライバル」っていないんですね。

私を東京に呼んで頂いた恩師の作曲家の先生も、基本的にはお弟子さんをとらない方でした。だから先輩、後輩もほぼいません。それにデビューしたのはもう30歳を過ぎていたので、デビューが同期といわれても、ぜんぜん一緒の気がしないんです。10代半ばでデビューするアイドルの方と、デビュー年が一緒だからってライバルになります？　ジャンル的にも、ちょっと異色なんですね。アイドルでもないし、演歌・歌謡曲とは違うし、最初からいきなり「大人の歌」ですから。ジャズシンガーやシャンソン歌手の方がライバルかっていわれても、そうでもないし・・・。

ライバルがいれば、必ず勝ち負けがありますよね。片方は芸能界を生き抜いたけど、片方は引退に追い込まれた、みたいな。だから自分が「負け組」にならないために、なんとしてでも相手に勝ってやろうと思うこともあるんでしょうね。

もちろん、スポーツでは、そうやってチームの中で競い合った結果、いい選手が生まれたりもします。

ただ、私にはライバルと意識するような人はいませんでした。それに、どこか、競争心が弱かったのかもしれません。

アマチュア時代、カラオケ大会があって優勝しても、そんなに「やったー！」という気持ちにはなりませんでした。きっと、一緒に出た人の中には、「なんであのコが優勝なの？」と思っている人がいるだろうな、とどこか冷静でした。野球なら、スタンドに打ち込めばホームランだとみんなが認めてくれます。でも、歌は聴く人によってどれがいいのかは人それぞれ。だから、目先の結果であまり一喜一憂できなかったのです。

今でもそうです。ＣＭのおかげでなんとなく顔が知られているけど、５年後はもうわからないし、そこで「勝った」「負けた」と過剰に反応していたら、心も体もモタないです。

そもそも、歌の世界はヒット曲のあるなしで「勝ち」「負け」と判定されるのなら、それでいったら私はずっと「負け組」になってしまいますね。

私はなぜかそこに神経がいかなかったのです。とにかく良い歌を歌えるようになりたいと自分といつも闘っていたんだと思います。

その10
「夢スター　春・秋」では、もちろん歌はちゃんと歌って、あとは邪魔にならず、皆さんのお役に立てるようにしたい。

「夢スター」での私の役割は、当然、まず司会と歌をしっかりやることです。自分だけお客様に知られていないので、精一杯、歌の力でお客様に納得してもらいたい。みなさんの邪魔にならず、歌をちゃんと聴かせる。当然ですね。その上で、石田社長との掛け合いをお客様に楽しんで頂く。


さらにもう一つ、私はやるべき大事な役割があると思っています。

それは石田社長と出演者の皆さんとの「橋渡し役」とでもいうのでしょうか。

現状では、どうしても私が一番社長の近くにいます。「夢スター」はもちろん、ＣＭ撮りでも一緒ですし、取引先へのご挨拶でも、私はしばしばご一緒させてもらう。つまり社長のナマの声を最も聞きやすい立場にいるわけです。

ですから、ほんの些細な社長のつぶやきでも耳に入ってきます。「あの人のステージトーク、もう少し、こうしたらいいんだけどなぁ・・・」と言われると、私、その方に、「社長、こう言われてましたが・・・」と伝え、ご本人も「わかった‼ ありがとう」と言って頂いたり、また逆に、出演者のどなたかが、不満を抱えているけど、社長に直接は言えない。そんな時は、私が代わりに社長に話したり。

難しいですよ。一歩間違えたらスパイみたいに思われちゃう。

でも、そういう人間が一人いると社長と出演者とのコミュニケーションがさらによくなるんじゃないかなって。ここが私のおせっかいなところなんですけど、誰かの役に立つことが出来れば嬉しいな、と・・・。

やはり私はサポート役タイプなのかもですね。

自分の平和はまわりが平和じゃないと始まりませんよね。そして笑顔は誰かがいないと生まれませんし、いろんなことが、この「夢スター」はじめ。皆さんとさせていただくコンサートでたくさん知ることが出来ました。

その11

誕生日と血液型診断で多くの方々とコミュニケーションがとれた。

実は私、「誕生日&血液型」をもとにした性格診断をちょっと勉強していて、その方のだいたいの性格がわかっちゃうんです。初めてお会いした方にも、この診断をさせて頂くと、すぐにコミュニケーションがとれて、まさに私の隠し玉。どんな性格が良いかではなく、だいたいの性格がわかると私も良い感じでお話が出来て、そうしていくうちにどんどんお友達が増えていきました。特に女性のお友達がたくさんいてくださることが私の自慢です・・・。励ましたり励まされたり、これも30年続いた私のパワーの源になっています。また、よく若い女性の方からのお悩み相談も受けることがあるので、何か、そういう番組、やりたいですね。

あとがき

今、振り返ると私の人生は「挫折」と「奇跡」の繰り返しだったと思うんです。「夢は？」とこれまでもよく聞かれました。はっきり答えられませんでした。扉を破って突進するタイプではありませんでしたが、扉のすき間があったら、のぞいてみようかなという好奇心はありました。目の前でやることがあれば、何としてでも頑張ってみようという思いもありました。

昔は、厳しい親御さんが多く、子供たちの精神は鍛えられましたが、近年は優しい、ややもすると甘い親御さんが増えて、子供たちの精神はとても繊細になってると思うんです。そんな若い人たちには、「無理に大きな夢は持たなくていいんじゃない？」って言いたいんです。何のために行きてるの？　若い頃は答えなんて出ません。

あの人をきょう喜ばせよう、この人をちょっと助けてあげようかな、って誰かのために生きていると、生き甲斐を見つけられるんです。自分のことだけ考えるから、悩みだらけになるんですよね。「運」や「奇跡」は、すべて人様が与えてくれるもの。

こもってないで、外に飛び出して、失敗したら心から謝って。人間ってみんな未熟だから、たくさん教えてもらって、それだけでもなんてラッキーなんでしょう！　そのうちに夢が見つかるかも‼

私は自分の未熟さを知ってるからこそ、誰かの役に立ちたいという気持ちになり、今、ここに立っているんだと思います。

挫折があるからこそ、奇跡が生まれるんですね。

まだまだこの旅は続きそうです。

この本を手に取って頂いた方々、取材にご協力頂いた皆様、「夢スター　春・秋」関係者の皆様、私の歌を聴いてくださっているお客様、それに夢グループのＣＭを見てくださっている視聴者の皆さま、等々、すべての方々に感謝です。

この本を出すキッカケを作って下さったオフィスコットン・中川昌大さん。

夢グループの社員の皆さんにも、いつもありがとう‼　です。

そして石田社長にも、もちろん感謝でいっぱいです‼

こんな私ですが、皆様、これからもよろしくお願いします‼

アルバム

2002年　monologue

2005年　ブルーパシフィック

2009年　星になった名曲たち

2017年　Yuri Hoshina Best of Best

2020年　歌の宝石箱～マイセレクションカバー８～

ＤＶＤ

2022年　30周年記念ＤＶＤ

保科有里ディスコグフィー（2023・6/9 現在）

シングル

1993 年　神無月に抱かれて　／さすらい譜
作詞・荒木とよひさ　作曲・三木たかし

1995 年　NE−KO　／愁止符（ピリオド）
作詞・荒木とよひさ　作曲・三木たかし

1998 年　バス・ストップ2　／バス・ストップ
作詞・千家和也　作曲・葵まさひこ

2000 年　グッバイ・ソウル　／想い出ワルツ
作詞・うえだもみじ　作曲・三木たかし

2002 年　ラブ・バラード　／素直になれなくて
作詞・山梨涼子　作曲・三木たかし

2008 年　さくらの花よ　泣きなさい　／愁止符（ピリオド）
作詞・荒木とよひさ　作曲・三木たかし

2011 年　赤い爪　／元気と勇気と微笑みと
作詞・荒木とよひさ　作曲・野口久和

2015 年　5グラムの指輪
作詞・瑳川温子　作曲・鈴木キサブロー　／永遠に・・・

2016 年　輝くときは･･･一瞬　／ラブ・バラード 2016
作詞・作曲　加藤郁夫

（石田社長とのデュエットCD）
2022 年　夢と･･･未来へ
（作詞　石田重廣　作曲　YURI.）
／ごめんなさい　ありがとう
（作詞・作曲　石田重廣）
／花の香りに包まれて
（作詞・作曲　YURI.）

■イベント・テレビ出演（2023・6／9現在）

タイでのライブ風景

タイでのロケのひとこま

番組収録のため、さまざまなロケ地へ

ハワイでのロケのひとこま

台湾のテレサ・テンさんの墓所を訪ねて

〈出演中〉

BSフジ「石田社長の歌が大好き」
北陸朝日放送「ふむふむ」
MRO北陸放送ラジオ「保科有里の歌に恋して」（1993年9月～）

〈番組出演〉

2015/3/12 テレビ東京「木曜8時のコンサート～名曲！にっぽんの歌～スペシャル」（収録）
2016/1/21 テレビ東京「木曜8時のコンサート～名曲！にっぽんの歌～スペシャル」（収録）
2016/3/10 テレビ東京「木曜8時のコンサート～名曲！にっぽんの歌～スペシャル」（収録）
2017/6/2 BSフジ「クイズ！脳ベルSHOW」（収録）
2018/5/9・10 BSフジ「クイズ！脳ベルSHOW」（収録）
2018/8/27～29 BSフジ「クイズ！脳ベルSHOW グランドチャンピオン大会」（収録）
2018/9/12 BS朝日「日本の名曲 人生、歌がある」（収録）
2019/4/25 BS11「八代亜紀 いい歌いい話」（収録）
2019/9/30・10/1 BSフジ「クイズ！脳ベルSHOW」（収録）
2019/12/14 BSフジ「昭和歌謡パレード」（収録）
2020/7/15 BS日テレ「令和歌謡塾」（収録）
2020/12/16・17 BSフジ「クイズ！脳ベルSHOW」（収録）

2020／12／31	BS日テレ・ABEMA・ニッポン放送「ももいろクローバーZ 第4回 ももいろ歌合戦」（収録）
2021／2／25	テレビ東京「月～金お昼のソングショー ひるソン！」（収録）
2021／9／21	TBS「さんまとマツコ」（収録）
2022／4／18・19	BSフジ「クイズ！脳ベルSHOW」（収録）
2022／5／22	TBS「さんまとマツコ」（収録）
2022／5／29	TBS「さんまとマツコ」（収録）
2022／6／25	新潟放送「なじラテ」（生出演）
2022／7／15	秋田テレビ「あっぱれ昼飯前」（収録）
2022／7／26	宮崎放送「Check！」（生出演）
2022／8／16	朝日放送「千鳥の相席食堂」（収録）
2022／8／21	TBS「さんまとマツコ」（収録）
2022／8／31	テレビ西日本「ももち浜ストア」（収録）
2022／10／1	BS朝日「人生、歌がある」（収録）
2022／10／6	テレビユー福島「ちゃんろく。」（生出演）
2022／10／15	フジテレビ「爆笑そっくりものまね紅白歌合戦」（収録）
2022／11／16	山形放送「ぴよ卵ワイド」（生出演）
2022／11／25	秋田テレビ「あっぱれ昼飯前」（収録）

2022/12/9	読売テレビ「るてんのんてる」（収録）
2022/12/28	TBS「ミリオネア・バイヤーズクラブ世界一高額?生放送テレビショッピング」（生放送）
2023/1/1	テレビ東京「ものまねのプロ216人がガチで選んだ いま本当にスゴい!ものまねランキング2023」（収録）
2023/1/18	BSフジ「昭和歌謡パレード」（収録）
2023/1/22・29	TBS「さんまとマツコ」（収録）
2023/4/23	日本テレビ「行列のできる通販王決定戦」（収録）
2023/5/17	TBS「佐藤健&千鳥ノブよ! この謎を解いてみろ! ―極悪カジノをぶっつぶせ―」（収録）
〈番組出演〉	
2022/7/23	東北放送主催「TBC夏祭り」（仙台・勾当台公演）
2022/9/10	青森放送主催「RABまつり」（秋田・青森県営スケート場）
2022/10/17	Chage「プレミアム・フィルハーモニック・オーケストラコンサート」（東京芸術劇場）
2022/11/12	長崎文化放送主催「NCCトコハピカーニバル」（長崎・出島メッセ）
〈他〉	
2018/3/16	銀座博品館劇場「銀座でSHOW」日替わりゲスト
2023/4月期	水曜ドラマ「それってパクリじゃないですか」

■ライブ・コンサート（2022年度）

	コンサート名	日付	会場名
1	夢スター「春・秋」	1月6日（木）	伊勢崎市文化会館
2	夢スター「春・秋」	1月9日（日）	大昭ホール龍ヶ崎（龍ヶ崎市文化会館）
3	橋幸夫コンサート	1月13日（木）	なかのZERO　大ホール
4	橋幸夫コンサート	1月14日（金）	江戸川区総合文化センター　大ホール
5	夢スター「春・秋」	1月15日（土）	横須賀市文化会館
6	夢スター「春・秋」	1月17日（月）	武蔵村山市民会館（さくらホール）
7	夢スター「春・秋」	1月20日（木）	海老名市文化会館
8	夢スター「春・秋」	1月22日（土）	神栖市文化センター
9	橋幸夫コンサート	1月26日（水）	昌賢学園まえばしホール（前橋市民文化会館）　大ホール
10	橋幸夫コンサート	1月27日（木）	茅ヶ崎市民文化会館
11	夢スター「春・秋」	1月30日（日）	クラフトシビックホール土浦（土浦市民会館）
12	橋幸夫コンサート	1月31日（月）	サンシティ越谷市民ホール
13	橋幸夫コンサート	2月1日（火）	宮前市民館
14	夢スター「春・秋」	2月2日（水）	深谷市民文化会館
15	夢スター「春・秋」	2月3日（木）	和光市民文化センター　サンアゼリア
16	夢スター「春・秋」	2月7日（月）	習志野文化ホール
17	橋幸夫コンサート	2月8日（火）	戸田市文化会館
18	橋幸夫コンサート	2月16日（水）	館林市文化会館　カルピス®ホール（大ホール）
19	橋幸夫コンサート	2月17日（木）	千葉市民会館
20	橋幸夫コンサート	2月21日（月）	厚木市文化会館
21	夢スター「春・秋」	2月25日（金）	ルネこだいら　小平市民文化会館
22	橋幸夫コンサート	3月4日（金）	アクトシティ浜松　大ホール
23	夢スター「春・秋」	3月7日（月）	大阪国際交流センター
24	夢スター「春・秋」	3月7日（月）	あましんアルカイックホール
25	夢スター「春・秋」	3月8日（火）	アワーズホール・明石市立市民会館

26	夢スター「春・秋」	3月8日（火）	神戸文化ホール　中ホール
27	橋幸夫コンサート	3月10日（木）	春日井市民会館
28	橋幸夫コンサート	3月11日（金）	岡崎市民会館　あおいホール
29	夢スター「春・秋」	3月14日（月）	藤井寺市立市民総合会館（パープルホール）
30	夢スター「春・秋」	3月14日（月）	河内長野市立文化会館（ラブリーホール）
31	夢スター「春・秋」	3月15日（火）	豊中市立文化芸術センター
32	夢スター「春・秋」	3月15日（火）	堺市教育文化センター　ソフィア・堺
33	橋幸夫コンサート	3月17日（木）	岐阜市民会館
34	橋幸夫コンサート	3月18日（金）	アイプラザ豊橋
35	橋幸夫コンサート	3月24日（木）	堺市産業振興センター　イベントホール
36	橋幸夫コンサート	3月25日（金）	大阪国際交流センター
37	夢スター「春・秋」	3月30日（水）	滋賀県立芸術劇場びわ湖ホール　中ホール
38	夢スター「春・秋」	3月30日（水）	宇治市文化センター
39	夢スター「春・秋」	3月31日（木）	奈良県文化会館　国際ホール
40	夢スター「春・秋」	3月31日（木）	門真市民文化会館　ルミエールホール
41	夢スター「春・秋」	4月1日（金）	三田市総合文化センター　郷の音ホール
42	夢スター「春・秋」	4月1日（金）	ロームシアター京都　サウスホール
43	橋幸夫コンサート	4月5日（火）	三重県総合文化センター　中ホール
44	橋幸夫コンサート	4月6日（水）	日本特殊陶業市民会館　ビレッジホール
45	橋幸夫コンサート	4月11日（月）	ロームシアター京都　メインホール
46	橋幸夫コンサート	4月12日（火）	高槻現代劇場　大ホール
47	**保科有里焼肉ディナーライブ**	**4月17日（日）**	**叙々苑游玄亭新宿店**
48	橋幸夫コンサート	4月20日（水）	豊岡市民会館
49	橋幸夫コンサート	4月21日（木）	福知山市厚生会館
50	橋幸夫コンサート	4月26日（火）	加古川市民会館
51	橋幸夫コンサート	4月27日（水）	神戸文化ホール　中ホール
52	夢スター「春・秋」	5月10日（火）	荘銀タクト鶴岡（鶴岡市文化会館）
53	夢スター「春・秋」	5月10日（火）	酒田市民会館　希望ホール
54	夢スター「春・秋」	5月11日（水）	長井市民文化会館

55	夢スター「春・秋」	5月11日（水）	山形市民会館
56	夢スター「春・秋」	5月17日（火）	千葉県東総文化会館
57	夢スター「春・秋」	5月17日（火）	成田国際文化会館
58	夢スター「春・秋」	5月19日（木）	佐野市文化会館
59	夢スター「春・秋」	5月19日（木）	宇都宮市文化会館
60	橋幸夫コンサート	5月25日（水）	帯広市民文化ホール
61	橋幸夫コンサート	5月26日（木）	コーチャンフォー釧路文化ホール（釧路市民文化会館）
62	夢スター「春・秋」	5月28日（土）	六ヶ所村文化交流プラザ・スワニー
63	夢スター「春・秋」	5月29日（日）	岩手県民会館
64	夢スター「春・秋」	5月29日（日）	北上市文化交流センター　さくらホール
65	夢スター「春・秋」	5月30日（月）	名取市文化会館
66	夢スター「春・秋」	5月30日（月）	電力ホール
67	橋幸夫コンサート	6月1日（水）	八戸市公会堂
68	橋幸夫コンサート	6月2日（木）	リンクモア平安閣市民ホール（青森市民ホール）
69	橋幸夫コンサート	6月3日（金）	弘前市民会館
70	夢スター「春・秋」	6月6日（月）	J：COM ホール八王子
71	夢スター「春・秋」	6月6日（月）	なかのZERO　大ホール
72	橋幸夫コンサート	6月7日（火）	沖縄市民会館
73	橋幸夫コンサート	6月8日（水）	アイム・ユニバース てだこホール
74	橋幸夫コンサート	6月10日（金）	マティダ市民劇場（宮古島市文化ホール）
75	夢スター「春・秋」	6月17日（金）	千葉市民会館
76	夢スター「春・秋」	6月17日（金）	柏市民文化会館
77	**保科有里デビュー30周年記念ライブ**	**6月19日（日）**	**BERONICA@大阪**
78	橋幸夫コンサート	6月22日（水）	岡山市民会館
79	橋幸夫コンサート	6月23日（木）	倉敷市民会館
80	夢スター「春・秋」	6月24日（金）	太田市新田文化会館　エアリスホール
81	夢スター「春・秋」	6月24日（金）	高崎市文化会館　大ホール
82	夢スター「春・秋」	6月30日（木）	サンシティ越谷市民ホール
83	夢スター「春・秋」	6月30日（木）	ウェスタ川越　大ホール

84	橋幸夫コンサート	7月4日（月）	JMSアステールプラザ
85	橋幸夫コンサート	7月5日（火）	東広島芸術文化ホール　くらら
86	橋幸夫コンサート	7月6日（水）	ふくやま芸術文化ホール　リーデンローズ
87	橋幸夫コンサート	7月13日（水）	秋田市文化会館
88	橋幸夫コンサート	7月14日（木）	横手市民会館
89	夢スター「春・秋」	7月18日（月）	福江文化会館
90	夢スター「春・秋」	7月20日（水）	諫早文化会館
91	夢スター「春・秋」	7月20日（水）	長崎ブリックホール
92	夢スター「春・秋」	7月21日（木）	平戸文化センター
93	夢スター「春・秋」	7月21日（木）	アルカスSASEBO
94	橋幸夫コンサート	7月25日（月）	都城市総合文化ホール　大ホール
95	橋幸夫コンサート	7月26日（火）	メディキット県民文化センター（演劇ホール）
96	橋幸夫コンサート	7月27日（水）	延岡総合文化センター
97	橋幸夫コンサート	8月17日（水）	北ガス文化ホール（千歳市民文化センター）
98	橋幸夫コンサート	8月18日（木）	カナモトホール（札幌市民ホール）
99	橋幸夫コンサート	8月22日（月）	小山市立文化センター
100	橋幸夫コンサート	8月25日（木）	マルホンまきあーとテラス　大ホール
101	橋幸夫コンサート	8月26日（金）	大崎市民会館
102	橋幸夫コンサート	8月30日（火）	石橋文化ホール
103	橋幸夫コンサート	8月31日（水）	福岡市民会館
104	夢スター「春・秋」	9月1日（木）	沼津市民文化センター
105	夢スター「春・秋」	9月1日（木）	三島市民文化会館　ゆぅゆぅホール
106	夢スター「春・秋」	9月1日（木）	三島市民文化会館　ゆぅゆぅホール
107	夢スター「春・秋」	9月7日（水）	知多市勤労文化会館　つつじホール
108	夢スター「春・秋」	9月7日（水）	日本特殊陶業市民会館　ビレッジホール
109	夢スター「春・秋」	9月8日（木）	富士市文化会館　ロゼシアター　中ホール
110	夢スター「春・秋」	9月8日（木）	静岡市民文化会館　中ホール
111	橋幸夫コンサート	9月15日（木）	富山県高岡文化ホール
112	橋幸夫コンサート	9月16日（金）	富山県教育文化会館

113	橋幸夫コンサート	9月19日（月）	キッセイ文化ホール　中ホール
114	橋幸夫コンサート	9月20日（火）	飯田文化会館
115	夢スター「春・秋」	9月26日（月）	かつしかシンフォニーヒルズ　モーツァルトホール
116	夢スター「春・秋」	9月26日（月）	めぐろパーシモンホール　大ホール
117	橋幸夫コンサート	9月28日（水）	ホクト文化ホール（長野県県民文化会館）　中ホール
118	橋幸夫コンサート	9月29日（木）	佐久市コスモホール
119	橋幸夫コンサート	10月3日（月）	新発田市民文化会館
120	橋幸夫コンサート	10月4日（火）	新潟テルサ
121	夢スター「春・秋」	10月5日（水）	福生市民会館　大ホール（もくせいホール）
122	夢スター「春・秋」	10月5日（水）	三鷹市公会堂　光のホール
123	夢祭り	10月6日（木）	福島県 国見町 観月台文化センター　ホール
124	橋幸夫コンサート	10月9日（日）	七尾サンライフプラザ　七尾市文化ホール 大ホール
125	橋幸夫コンサート	10月10日（月）	金沢市文化ホール
126	橋幸夫コンサート	10月11日（火）	加賀市文化会館
127	夢スター「春・秋」	10月13日（木）	桃源文化会館
128	夢スター「春・秋」	10月13日（木）	ふじさんホール（富士五湖文化センター）富士吉田市民会館
129	夢スター「春・秋」	10月14日（金）	掛川市生涯学習センター
130	夢スター「春・秋」	10月14日（金）	アクトシティ浜松　大ホール
131	橋幸夫コンサート	10月17日（月）	栃木県教育会館　大ホール
132	夢スター「春・秋」	10月19日（水）	シンフォニアテクノロジー響ホール伊勢　（伊勢市観光文化会館）
133	夢スター「春・秋」	10月19日（水）	クラギ文化ホール
134	夢スター「春・秋」	10月20日（木）	柿安シティホール（桑名市民会館）
135	夢スター「春・秋」	10月20日（木）	春日井市民会館
136	**保科有里30周年　石巻で祝う会**	**10月23日（日）**	**石巻グランドホテル**
137	夢祭り	10月24日（月）	白河文化交流館　コミネス　小ホール
138	橋幸夫コンサート	10月26日（水）	北九州芸術劇場　中劇場
139	橋幸夫コンサート	10月27日（木）	大牟田文化会館　小ホール
140	橋幸夫コンサート	10月28日（金）	熊本市植木文化ホール
141	細川たかし コロッケ～ふたりのビッグショー～	10月31日（月）	栃木県総合文化センタ

142	細川たかし コロッケ～ふたりのビッグショー～	10月31日（月）	とちぎ岩下の新生姜ホール（栃木文化会館）
143	細川たかし コロッケ～ふたりのビッグショー～	11月1日（火）	岡谷市文化会館（カノラホール）
144	細川たかし コロッケ～ふたりのビッグショー～	11月1日（火）	まつもと市民芸術館
145	橋幸夫コンサート	11月7日（月）	中津文化会館
146	橋幸夫コンサート	11月8日（火）	日田市民文化会館「パトリア日田」
147	橋幸夫コンサート	11月9日（水）	菊池市文化会館
148	橋幸夫コンサート	11月15日（火）	米沢市市民文化会館
149	橋幸夫コンサート	11月16日（水）	山形市民会館
150	橋幸夫コンサート	11月21日（月）	佐賀市文化会館　中ホール
151	橋幸夫コンサート	11月22日（火）	佐世保市体育文化館（コミュニティセンターホール）
152	**保科有里デビュー30周年記念ディナーショー**	**11月28日（月）**	**ホテル日航金沢**
153	**保科有里デビュー30周年記念ライブ**	**12月2日（金）**	**ラドンナ原宿**
154	橋幸夫コンサート	12月4日（日）	高知県立県民文化ホール　オレンジホール
155	橋幸夫コンサート	12月6日（火）	宇和島市立南予文化会館
156	橋幸夫コンサート	12月7日（水）	大洲市民会館
157	橋幸夫コンサート	12月8日（木）	愛媛県県民文化会館　サブホール
158	葛城ユキさんを偲ぶ会	12月12日（月）	北とぴあ　さくらホール
159	葛城ユキさんを偲ぶ会	12月12日（月）	北とぴあ　さくらホール
160	細川たかし コロッケ～ふたりのビッグショー～	12月19日（月）	新潟県民会館
161	細川たかし コロッケ～ふたりのビッグショー～	12月19日（月）	村上市民ふれあいセンター
162	橋幸夫コンサート	12月20日（火）	今治市公会堂
163	橋幸夫コンサート	12月21日（水）	西条市総合文化会館
164	橋幸夫コンサート	12月22日（木）	丸亀市綾歌総合文化会館　アイレックス

■ライブ・コンサート（2023年度・6／9現在）

	コンサート名	日付	会場名
1	橋幸夫コンサート	1月13日（金）	習志野文化ホール
2	橋幸夫コンサート	1月17日（火）	枚方市総合文化芸術センター 本館 関西医大 大ホール
3	橋幸夫コンサート	1月18日（水）	大津市民会館
4	橋幸夫コンサート	1月19日（木）	ひこね市文化プラザ
5	橋幸夫コンサート	1月24日（火）	アクリエひめじ（姫路市文化コンベンションセンター）中ホール
6	橋幸夫コンサート	1月25日（水）	西宮市民会館（アミティ・ベイコムホール）
7	橋幸夫コンサート	2月1日（水）	和歌山城ホール
8	橋幸夫コンサート	2月2日（木）	八尾市文化会館 プリズムホール
9	橋幸夫コンサート	2月3日（金）	奈良県文化会館 国際ホール
10	橋幸夫コンサート	2月9日（木）	静岡市民文化会館 中ホール
11	橋幸夫コンサート	2月10日（金）	富士市文化会館 ロゼシアター 中ホール
12	橋幸夫コンサート	2月11日（土）	伊東市観光会館
13	橋幸夫コンサート	2月15日（水）	岩国市民文化会館
14	橋幸夫コンサート	2月16日（木）	山口市民会館
15	夢スター「春・秋」	2月17日（金）	相模原市民会館
16	夢スター「春・秋」	2月17日（金）	台東区立浅草公会堂
17	橋幸夫コンサート	2月27日（月）	横須賀市文化会館
18	橋幸夫コンサート	2月28日（火）	大田区民プラザ
19	葛城ユキさんを偲ぶ会	3月1日（水）	大阪国際交流センター
20	葛城ユキさんを偲ぶ会	3月2日（木）	倉敷市民会館
21	葛城ユキさんを偲ぶ会	3月2日（木）	神戸文化ホール 中ホール
22	橋幸夫コンサート	3月4日（土）	東松山市民文化センター
23	橋幸夫コンサート	3月6日（月）	レクザムホール（香川県県民ホール）小ホール
24	橋幸夫コンサート	3月7日（火）	あわぎんホール 徳島県郷土文化会館
25	夢スター「春・秋」	3月9日（木）	鹿嶋勤労文化会館

26	夢スター「春・秋」	3月9日（木）	ザ・ヒロサワ・シティ会館（茨城県立県民文化センター）
27	橋幸夫コンサート	3月15日（水）	君津市民文化ホール
28	橋幸夫コンサート	3月16日（木）	ルネこだいら　小平市民文化会館
29	橋幸夫コンサート	3月22日（水）	島根県民会館
30	橋幸夫コンサート	3月23日（木）	鳥取市民会館
31	橋幸夫コンサート	3月28日（火）	えずこホール　仙南芸術文化センター
32	橋幸夫コンサート	3月29日（水）	けんしん郡山文化センター（郡山市民文化センター）中ホール
33	橋幸夫コンサート	4月4日（火）	岩手県民会館　中ホール
34	橋幸夫コンサート	4月5日（水）	北上市文化交流センター　さくらホール
35	橋幸夫コンサート	4月11日（火）	川商ホール（鹿児島市民文化ホール）第２ホール
36	橋幸夫コンサート	4月12日（水）	鹿屋市文化会館
37	橋幸夫コンサート	4月18日（火）	四日市市文化会館　第2ホール
38	橋幸夫コンサート	4月19日（水）	豊田市民文化会館
39	橋幸夫コンサート	4月25日（火）	福井県県民ホール
40	橋幸夫コンサート	4月26日（水）	一宮市尾西市民会館
41	橋幸夫コンサート	4月29日（土）	ザ・ヒロサワ・シティ会館（茨城県立県民文化センター）
42	橋幸夫コンサート	4月30日（日）	取手市民会館
43	橋幸夫コンサート	5月1日（月）	台東区立浅草公会堂
44	夢スター「春・秋」	5月8日（月）	沖縄市民会館
45	夢スター「春・秋」	5月10日（水）	石垣市民会館　大ホール
46	夢スター「春・秋」	5月11日（木）	マティダ市民劇場（宮古島市文化ホール）
47	夢スター「春・秋」	5月12日（金）	那覇文化芸術劇場なはーと　大劇場
48	**保科有里焼肉ディナーライブ（第４弾）**	**5月20日（土）**	**叙々苑游玄亭新宿店**
49	**保科有里焼肉ディナーライブ（第４弾）**	**5月21日（日）**	**叙々苑游玄亭新宿店**
50	夢スターコンサート	5月23日（火）	八戸市公会堂
51	夢スターコンサート	5月24日（水）	平川市文化センター
52	夢スターコンサート	5月30日（火）	トークネットホール仙台（仙台市民会館）小ホール
53	夢スターコンサート	5月31日（水）	マルホンまきあーとテラス　大ホール
54	夢スターコンサート	6月8日（木）	石橋文化ホール

ライブ・コンサート（2023年）6/9現在

55	夢スターコンサート	6月9日（金）	菊池市文化会館
56	夢スターコンサート	6月10日（土）	B-Con Plaza 別府国際コンベンションセンターフィルハーモニアホール
57	細川たかし一門ビッグコンサート	6月19日（月）	台東区立浅草公会堂
58	夢スターコンサート	6月26日（月）	室ガス文化センター（室蘭市文化センター【愛称：スワン】）
59	夢スターコンサート	6月27日（火）	道新ホール
60	夢スターコンサート	6月29日（木）	名寄市民文化センター　EN-RAY ホール
61	夢スター「春・秋」	7月4日（火）	ひの煉瓦ホール（日野市民会館）
62	夢スター「春・秋」	7月4日（火）	武蔵村山市民会館（さくらホール）
63	夢スター「春・秋」	7月10日（月）	久喜総合文化会館
64	夢スター「春・秋」	7月10日（月）	坂戸市文化会館　ふれあ
65	夢スター「春・秋」	7月14日（金）	富士見市民文化会館 キラリ☆ふじみ メインホール
66	夢スター「春・秋」	7月14日（金）	行田市産業文化会館（ベルプラス）
67	細川たかし一門ビッグコンサート	7月19日（水）	三重県総合文化センター　大ホール
68	細川たかし一門ビッグコンサート	7月20日（木）	宇治市文化センター
69	細川たかし一門ビッグコンサート	7月21日（金）	南海浪切ホール（岸和田市立浪切ホール）
70	夢スター「春・秋」	7月26日（水）	東金文化会館
71	夢スター「春・秋」	7月26日（水）	市原市市民会館
72	細川たかし一門ビッグコンサート	8月9日（水）	岡崎市民会館　あおいホール
73	細川たかし一門ビッグコンサート	8月10日（木）	知多市勤労文化会館　つつじホール
74	細川たかし一門ビッグコンサート	8月11日（金）	犬山市民文化会館
75	夢スター「春・秋」	8月16日（水）	ひらしん平塚文化芸術ホール
76	夢スター「春・秋」	8月16日（水）	神奈川県立青少年センター
77	夢スター「春・秋」	8月24日（木）	野田ガスホール（野田市文化会館）
78	夢スター「春・秋」	8月24日（木）	船橋市民文化ホール
79	夢スター「春・秋」	8月25日（金）	町田市民ホール
80	夢スター「春・秋」	8月25日（金）	西東京市保谷こもれびホール
81	細川たかし一門ビッグコンサート	8月29日（火）	高槻城公園芸術文化劇場　南館 トリシマホール
82	細川たかし一門ビッグコンサート	8月30日（水）	西宮市民会館（アミティ・ベイコムホール）
83	細川たかし一門ビッグコンサート	8月31日（木）	大阪国際交流センター

愛人!?　困っちゃう…

2023年8月8日　初版発行

著　者◆保科有里

発　行◆(株) 山中企画
〒114-0024 東京都北区西ヶ原 3-41-11
TEL03-6903-6381　FAX03-6903-6382
発売元◆(株) 星雲社（共同出版社・流通責任出版社）
〒112-0005　東京都文京区水道 1-3-30
TEL03-3868-3275　FAX03-3868-6588

印刷所◆モリモト印刷
※定価はカバーに表示してあります。

ISBN978-4-434-32465-9　C0073

Fin